JN021926

花のような

container gardening of succulent plants like flowers

多肉植物の寄せ植え

kurumi

はじめに

多肉植物の葉姿は品種によりさまざま。
ぷっくり肉厚の葉のもの、ヒラヒラのフリルのような葉のもの、
小さなつぶつぶがぎゅっと集まっているもの……。

ひとつひとつのフォルムがかわいくて、また季節によって変わる色合いの美しさや、
なんともいえないグラデーションに魅了され、
時を忘れて見入ってしまうこともあります。

多肉植物の葉姿や色合いから連想するテーマで寄せ植えを作るようになってから、
しだいにそのおもしろさに夢中になっていきました。

多肉植物の寄せ植えは、基本は手のひらにすっぽりおさまるような
小さなアレンジメントです。
さらに、テーマを決めて並べて飾ることで、楽しみが広がります。

本書には、寄せ植えの経験者の方だけでなく、はじめて寄せ植えをする方や
苗の種類をそろえるのが難しい方にも楽しんで作ってもらえるように、
少ない種類の苗でもできる寄せ植えを収録しました。
また、同じ苗が手元になくても、イメージが近く手に入りやすい苗も紹介しています。
これをきっかけに、多肉植物の寄せ植えの楽しさを感じていただければうれしいです。

kurumi

contents

*寄せ植えの作り方は各CHAPTERの
1つめの作品を例として紹介しています。

＊ネルソル® は吉坂包装(株)の登録商標です。水を加えることで粘りがでる、特殊な粘りけの成分が配合されており、さまざまな資材につけることが可能です。乾くと固まるので、水を加えても形はくずれず、アイディアしだいでアレンジは自由自在です。
https://www.dream-craft.jp

＊本書に掲載している、寄せ植えの配置図の番号はおおむね植える順番にしています。多くの品種を使用している場合、おもだったもののみ掲載している場合があります。

＊本書で掲載している品種名の「×」印は、記載の品種同士をかけあわせている交配種のことです。「hyb（ハイブリッド）」も2つの品種をかけあわせている交配種のことで、正式な名称がありませんが流通しています。

多肉植物の寄せ植え入門

多肉植物の寄せ植えを始める前に、知っておきたい基礎知識や、その楽しみ方を紹介します。

多肉植物を知りましょう

【 多肉植物とは 】

多肉植物とは、おもに乾燥地帯に生育し、葉や茎、根に水分を蓄え、ある程度の乾燥に耐えることのできるように進化した植物のことです。アフリカや中南米をはじめ、アジアに至るまで世界各地で自生が認められ、1万5000以上の種類が分布しています。トゲのあるサボテンも多肉植物の一種になりますが、一般的にサボテンは多肉植物と分けて扱われることが多いのが現状です。

草花の苗に比べて、成長がゆっくりで、土が少なくても育ち、乾燥に強く水やりの頻度が少なくてよい品種が多いのも多肉植物の特徴のひとつです。

【 多肉植物の魅力 】

その1
個性的な姿を楽しめる

生育環境に適応するため、独特なフォルムのものが多くあります。葉が肉厚なものだけではなく、粒のようにぷっくりしているもの、透明感のあるもの、バラの花のような形など、実にさまざまです。

その2
季節による色の変化が楽しめる

一年間の気温の変化や育て方により、色合いが変わり、小さなひと鉢であっても季節の移ろいを感じさせてくれます。昨日まで青々としていた葉が気温の低下にともなって日々透明感を増し、桜色に染まるのを見つけたときは感動しました。そんな紅葉の色を生かした寄せ植えを作るなど、多肉植物ならではの楽しみ方ができます。

その3
管理がらくで育てやすい

乾燥に強いため、一般的な植物に比べて水やりの頻度は少なくてすみます。季節や住まいの環境、苗の種類にもよりますが、平均で週1回程度ですむので、「植物は枯らせてしまうから苦手」という方にもおすすめです。

その4
増やしたり、交配させたりできる

生命力がたいへん強く、挿し芽、葉挿しで簡単に増やすことができます。また、近年は違う種類の苗を交配させた、新しい品種の苗が積極的に作られているので、無限の広がりがあり、飽きることもありません。

その5
小さな鉢でも寄せ植えが楽しめる

土が少なくても生育するので、小さなサイズの鉢であっても多くの種類の苗を一緒に植えることができます。マンションのベランダで多肉植物栽培を始めた私にとって、寄せ植えはひとつの鉢でさまざまな景色や苗合わせを楽しむことができる、まるで庭作りのようなものだと思っていました。苗ひとつでも十分にかわいい姿をしているのに、寄せ植えにすることで互いの魅力を引き立て合い、新しい魅力が見える、これが多肉植物の寄せ植えの醍醐味だと感じています。

【 多肉植物の分類 】

生育による分類

多肉植物は、生育適温に合わせて、春秋型、夏型、冬型の3種類のタイプに分類されています。

春秋型

生育適温：10〜25℃
春と秋の穏やかな気候のときに
旺盛に生育する種類のこと。

　代表的なものにはエケベリア、セダム、クラッスラの一部などがあります。本書の寄せ植えはおもにこのタイプを集め、管理しやすいようにしています。植えかえ、鉢増しなどは生育期に行うのがベター。夏は風通しのよい日陰に置き、水は1日で土が乾く量をさっとあげましょう。

夏型

生育気温：20〜30℃
春から秋に生育し、熱帯地域を
原産地とする多肉植物が多く含まれる。

　代表的なものはアロエ、チランジア、クラッスラの一部など。春から秋までは日当たりのよい場所に置き、しっかり水を与えて育てましょう。夏型といっても高温多湿の日本では、環境によっては遮光して土は乾かし気味にしたほうがよい品種もあります。

冬型

生育気温：5〜20℃
秋から冬、春にかけて生育する
種類のこと。

　冬に雨の多い地中海沿岸地方、ヨーロッパ、アフリカの標高の高い地域に自生するものが多く、日本の高温多湿の気候が苦手。おもなものはコノフィツム、リトープス、アエオニウムなど、おもしろい形状のものが多くあります。夏が苦手なものが多く、夏の間の置き場所と水やりが難しいので気をつけましょう。雨に当てず、風通しのよいところで育てます。

本書の寄せ植え手順で使う分類

本書ではおもにベンケイソウ科の多肉植物を使っています。
使いやすく入手しやすい2つの種属とその他の種類を覚えておきましょう。

エケベリア属

　バラの花のような形に、肉厚の葉がロゼット状（放射状に広がる）になるため、存在感があり、寄せ植えの主役として人気。ほかの属と交配させた園芸品種も多くあります。寄せ植えにするときは下の葉を落として、丸い形になるように整えます。

セダム属

　生育の形は多様で、地面に這うように広がるもの、茎が立ち上がるもの、枝が垂れるものなどさまざまです。成長は早めで丈夫なものが多く、グラウンドカバーにも人気。寄せ植えでは生育形態を生かした植え方をします。

その他

　グラプトペタルム属やクラッスラ属など、小型で肉厚なフォルムの品種も寄せ植えにすると、互いに引き立て合います。そのほか、さまざまな品種があり、それらを知るのも楽しみのひとつになるでしょう。

多肉植物の寄せ植えで用意するもの

【 苗の購入の仕方 】

購入スタイル

　初心者さんは、店員さんと会話しながら実際に見て購入できる、園芸店や多肉植物専門店などで苗を入手するのが安心です。ほかにもインターネットなどによる通信販売での入手方法もあります。

　丈夫な多肉植物ですが、寄せ植えに使う品種は昨今の日本の夏には強くないので、この時期の購入はおすすめしません。実際に苗があまり出回らない時期でもあります。春や秋に苗が多く出回るので、選ぶ楽しみも増えます。

苗の流通形態

　苗は、草花の苗と同様に土に入った根つきのポット苗のほか、カット苗があります。カット苗は、根や茎、葉を切った状態で増やすことのできる多肉植物の特徴を生かした形態で、どちらも購入したら、適切な場所に置き、自宅での環境に慣らしましょう。カット苗で増やす場合は、挿し芽用の土などに挿して、発根したら水やりを始めます。

苗の選び方

　まず、苗の中心にある成長点がきれいなものを選びます。葉がふっくらとして張りがあるものがおすすめ。ひょろっとしているものは避けたいところです。また、葉のすき間に虫がいないか、傷みなどがないかも確認しておくとよいでしょう。

【 苗の組み合わせ方 】

生育による分類をそろえる

　ひとつの鉢に数種類の苗を植えるので、置き場所や水やりのタイミング、季節による管理などが一緒になる生育型の苗を集めるのがおすすめ。葉の厚みがそろっているのも水やりのタイミングを合わせる目安に。管理がしやすく相性もよいです。

トーンや色味をそろえる

　初心者さんや、センスに自信がない場合には、緑のグラデーションや、淡い色味のトーンなど、テーマの色味を決めて苗を選ぶとよいでしょう。その中で、葉の形が違うものを少し合わせると、まとまり感があるなかにアクセントが生まれます。

【使う道具と土】

道具 寄せ植えを助ける♪

❶はさみ
先の細い切れ味のよい園芸用のはさみが使いやすいでしょう。

❷ブロワー
寄せ植えを作るときに、何度も土を足すため、葉に土がかかってしまうことがあります。土をやさしく払うためにブロワーがあると便利です。

❸ピンセット
苗を切るとき、苗を植えるとき、土に穴をあけるとき、ネルソルの土の形を整えるときなど、さまざまなシーンで活躍します。先の細いまっすぐなタイプが向きます。

❹スプーン
ネルソルを扱うときに使います。

❺土入れスコップ
鉢底石や土を扱うときに使います。

❻霧吹き
多肉植物用の土で寄せ植えをする際、苗が動かないよう水をかけて土を締めるのに使います。

土

❼鉢底石
鉢底から土が出ないようにするためと、水はけをよくするために鉢の底に敷きます。園芸店、100円均一ショップなどで購入できます。

❽多肉植物用の土
園芸店、100円均一ショップで購入できますが、なるべく肥料が入っていないものを選びましょう。土の粒はなるべく細かいタイプのほうが多肉植物の寄せ植えには向きます。

❾ネルソル
粘着成分が入っている多肉植物用の土で、表示どおりに水を加えて練ると、粘りが出て、乾くと固まる特徴があります。寄せ植えがしやすいので、初心者さんにはとくにおすすめです。水を加えたネルソルが余ったら、数日間は密閉袋に入れて保存できます。

練るとネバネバ〜

ブレンドの配合
ご自身で土をブレンドする場合は、以下の配合がおすすめです。

赤玉土細粒3：鹿沼土細粒3：ピートモス1：バーミキュライト1：くん炭1：ゼオライト1

また、鉢に穴がない寄せ植えの場合には、土にゼオライト、くん炭を混ぜることで根腐れ防止の効果をプラスします。

スプーンですくって、横にしても落ちないくらいが水の分量と固さの目安です。

多肉植物のじょうずな管理と育て方

【 置き場所 】

　多肉植物は屋外で管理します。軒下で、日当たり、風通しのよいところがおすすめです。店によってはインテリアグリーンとしておすすめしている場合がありますが、室内ではぎゅっと締まった姿は保てません。品種によっては室内でも管理できるものもありますが、光と風通しの確保が、多肉植物をかわいく育てる重要なポイントです。

【 水やり 】

　水やりは、多肉植物に水を与えるだけではなく、土の中に根から排出された老廃物を外に出す役割も担っているため、水をためっぱなしにすると、根腐れしたり、過湿で病気になったりするので気をつけましょう。

　基本的には、鉢の底までしっかり土が乾いたら、水やりをします。土が底まで乾いているかを確認するには、土に竹串をさしてみて、湿り気があるかを確認して土の乾き具合を見るのもよいです。または鉢を手に持ち、重さの感覚で判断するのが簡単な方法です。水やり後、また鉢を持つとずっしりと重くなっているのがわかります。

　水の量は、生育期は鉢底から流れ出るくらいの量をあげます。夏の水やりは蒸れを避けるために、風のある比較的涼しい日や時間帯に少なめの量を、冬の水やりは凍結を避けるため、暖かくなる日に少なめの量をあげるようにします。

　また、エケベリアのようなロゼット状のものは、成長点（苗の中心）からいちばん遠い外側の葉に、しわが寄ったら水が足りていないサイン。上に向かって成長する多肉植物は、いちばん下の葉にしわが寄ったり、下葉がポロポロ落ちてきたりしたら、同様に水が足りていないサインです。葉の上に水がたまらないように土にあげることを意識して、先の細いジョウロやペットボトルなどで水やりするとよいでしょう。

寄せ植えの水やり

　育ち方の違う苗がある場合は注意が必要です。細葉の
セダムやグリーンネックレスなど、ほかの苗より水を必要
とするものは、しんなりしたらそこの部分だけに霧吹きで
水やりをするとよいでしょう。

　寄せ植えの仕上げのすき間を埋めるために、セダムを
カットして植えた場合は、根が出てくるまで霧吹きで2〜
3日おきに水やりすると、根つきがよくなります。

　鉢底に穴があいていない寄せ植えは、水やりして30
分ほどしたら鉢を傾けて余分な水を鉢の外にこぼします
（→p.17）。

【 肥料やり 】

　多肉植物の寄せ植えは、長く楽しむために肥料分のな
い土を使い、追肥は必要ありません。多肉植物を単体で
育てるときや増やしたいときには、植えつけ、植えかえの
ときに肥料分のある土を使用するか、植えつけのときに
緩効性肥料を追加するようにしましょう。生育期でない
時期の肥料分は根が傷んだりする原因になるため、生育
期の植えかえに合わせての追肥が鉄則です。

　肥料の成分としては、窒素(N)、リン酸(P)、カリ(K)が
バランスよく配合されているものがおすすめです。私は、
マグァンプK(ハイポネックス ジャパン)を使っています。

【 季節の管理 】

夏越し

　多肉植物は高温多湿の日本の夏が苦手です。昨今の温暖化により最高気温が35℃以上の暑さが続くなど、今までの夏越し対策では乗り越えられない品種も多くなっています。

　春秋型、冬型は断水して蒸れを防ぐ方法が主流でしたが、春秋型のエケベリア、セダムの一部、冬型のアエオニウムなどは、水ぎれすると高温に耐えられずに焦げたように枯れてしまったりするリスクが高くなります。サーキュレーターなどを活用して風通しをよくし、遮光遮熱ネットを活用して少しでも涼しくなるような工夫をします。そして、風のある夕方に、次の日の朝までにしっかり乾くような量の水やりをし、多肉植物内の水分量をある程度保つ工夫をするとよいでしょう。

　遮光ネットは、日差しが当たる向きを考慮して張ります。わが家では遮光率45%ほどのものをメインに使い、西日が強い場所では遮光率を上げ、逆に日当たりが悪い場所では遮光ネットをかけない場合もあります。肝心なことは、ご自宅の多肉植物をよく観察し、より元気でいられる環境を工夫して用意してあげることだと思います。

冬越し

　本書で扱っているエケベリアは、基本的に寒さに弱いものは少ないです。寒さに非常に弱いとされているものは、肉厚でつぶつぶした葉をもつセダム類で、ビアホップ、玉つづり、ロッティ、スプリングワンダーなど。また、寄せ植えに動きを出すクラッスラのブロウメアナ、リトルミッシー、パステル、ファンタジー、冬型のアエオニウム全般も寒さが苦手です。最低気温が3℃以下になったら、風を避けられるような場所に置き、不織布を重ねてかぶせ、空気の層をつくったり、段ボールや発泡スチロールの箱などに入れて保温するなどの寒さ対策が必要です。

　氷点下になる時期の夜間は、上述の品種は室内に取り込むのがおすすめです。ただし、暖房の効いていない部屋に取り込むようにします。また人間と同じで、急に寒くなったり、ぬれている状態で気温が下がるとダメージが大きくなります。冬の初めに急に温度が低下するときは、とくに気をつけて、なるべく保温できるように軒下や風の当たらないところに置くなど、早めの対処が大切です。

　生育期ではない多肉植物については、乾かし気味に管理し、土がぬれている状態で夜を迎えることのないようにします。暖かい日の朝、表面の土を夕方までに乾くくらいにさっとぬらすイメージであげるとよいでしょう。

　万が一凍結してしまった場合は、慌てて暖かい室内か日当たりのよい場所に置くと、温度差で葉の組織が急激に破壊され、水分が染み出してしまう原因になることも。ゆっくり解凍するのがおすすめです。

寒冷地でのケア

●常に最低気温が氷点下になるような寒冷地については、冬越しは室内で行いましょう。

●室内に取り込むときと同様に暖房の効いていない（水が凍らない程度の温度の）部屋で、水やりを控えめにして冬越しさせます。

●細葉のセダムなど、水を完全にきらしてはいけないものに関しては、表面をぬらす程度にさっと水やりし、なるべく早く土を乾かすように風を当て、乾くまでは室内の日当たりのよいところに置くなどの工夫も有効です。

CHAPTER*1
2〜3品種で映える
キュートな寄せ植え

はじめて寄せ植えをするとき、たくさんの苗を用意して作るのはちょっとハードルが高いですよね。
まずは、少ない種類の苗でチャレンジ！
小ぶりの鉢で作れば、2〜3品種でも色合いや配置を工夫するとキュートな寄せ植えができます。
それに、品種が少ないと水やりなどの管理もしやすいです。
小さめの鉢で作って、何種類かを寄せ鉢のように飾る楽しみもあります。

3品種

ベビーピンクを
深みのある色で際立たせて

寄せ植えに斑入りの苗(姫秋麗錦)を入れると透明感が出ます。色の濃い苗(スプリングワンダー×プロリフィカ)と合わせると、コントラストをつけつつもやさしい雰囲気に仕上がります。この2品種は、寒さに当てると、とても美しいグラデーションが生まれ、寄せ植えがグレードアップします。ただし、夜間の凍結には注意しましょう。

寄せ植え
Advice

姫秋麗錦とほかの品種とのバランスを楽しむ寄せ植えです。パープルヘイズは、1本の茎の先が枝分かれしている苗を選ぶとよいでしょう。姫秋麗錦から植えてから、残りの2品種を植えていきます。姫秋麗錦の隣により色の鮮やかな苗を選んで入れると、完成度がアップします。

「2〜3品種で映えるキュートな寄せ植え」の作り方

このテーマでの5つの寄せ植えは、すべてホウロウ製のデミカップを鉢にしています。
鉢底に穴をあけなくても、多めの鉢底石に保水性の高い固まる土・ネルソルを使うことで
傷みにくくなります。ガラスびんや食器などもそのまま使えるので、鉢選びの幅が広がりますね。

《材料と道具》

多肉植物／
❶姫秋麗錦（p.102）
❷スプリングワンダー×プロリフィカ
❸パープルヘイズ（p.99）
鉢／ホウロウカップ（直径7cm、高さ4cm）
土／鉢底石、ネルソル（使い方はp.9参照）
道具／はさみ、スプーン、ピンセット

1 鉢底石を入れます

2cm

鉢の縁から2cmくらいのところまで、鉢底石を入れる。

2 ネルソルを入れます

PUSH！

ネルソルを、1の上にのせてカップの縁まで入れ、スプーンで上から押さえて真ん中が少し高くなるように整える。

3 姫秋麗錦の茎を切り取ります

姫秋麗錦は葉が落ちやすいのでていねいに扱いましょう

葉のまとまった部分の際から1.5cmくらいの長さで切る。

不要な葉を指ではずす。ポロッととれる。

1.5cm以上

なるべく茎に沿うように、ピンセットでつまむ。

4 土の表面の3割ほどに、姫秋麗錦を植えます

真上から見て
バランスを check！

土の表面に対して、茎が垂直になるように挿していく。

葉の首元が土の表面につかない程度まで深く入れる。

周りの土をピンセットの持ち手側で押さえて、しっかり固定する。これを繰り返し、ランダムに3割ほど姫秋麗錦を植える。

半分以上植えられているように見えるが、ギュウギュウに詰めていくと、仕上がりは3割くらいになる。

5 スプリングワンダー×プロリフィカを8割ほど植えます

パズルのピースをはめていくようなイメージです♪

③と同様にスプリングワンダー×プロリフィカを切り取り、なるべく茎に沿うように、ピンセットでつまむ。

④と同様に土に対して垂直に挿していくが、土はピンセットの先で寄せる程度に。先に植えた姫秋麗錦の葉を落とさないように気をつけて。

土の表面が2割ほど残るくらいまで、ランダムに植えていく。苗が浮いてきたら、指でやさしく押さえる。

6 パープルヘイズを引き抜きます

ポット苗を容器ごともんで、土と根をほぐす。

根元をピンセットでつまむ。

必要な分量を根つきで引き抜く。

根を指でひとまとめにする。

7 土が見えなくなるまで植えていきます

先に植えてある葉を傷めないように指で寄せながら、6のパープルヘイズをすき間に苗を挿していく。

カップの縁にもすき間が見えないように。

鉢底穴がない場合の水やり

水が下から流れない容器を鉢にする場合は、
余分な水が底にたまりっぱなしにならないようにしましょう。
正しい水やりをすれば、さまざまな容器が使えて
根ぐされなどのトラブルを防ぎます。

POINT

固まる土のネルソルをしっかり押しつけて仕立ててあればくずれません。それ以外や、不安な場合は手で軽く押さえながら傾けましょう。

1 トレイの上にカップを置き、全体に水が行き渡るようにやさしく水をかける。

2 水が落ちるまで30分ほど置いておく。

3 ゆっくりカップを傾けて、たまった余分な水をすべてトレイに流す。

2品種

小さな苗を選んで可憐にかわいく

プチプチ葉っぱの姫秋麗は、日当たりのいいところで寒さに当てると、きれいな桜色に染まります。リトルミッシーのリボン型の葉のステッチのピンクと合わせて、可憐な組み合わせに。ランダムに配置するだけなので、とっても簡単です。

《材料と道具》

多肉植物／

❶姫秋麗（p.101）

❷リトルミッシー（p.103）

鉢／ホウロウカップ

（直径7cm、高さ4cm）

土／鉢底石、ネルソル

道具／はさみ、スプーン、ピンセット

寄せ植え
Advice

姫秋麗の葉はポロポロと落ちやすい特徴があります。葉が水をたくさん吸っていると落ちやすくなるので、寄せ植え前は水やりを控えておきましょう。まず、姫秋麗を土に対してまっすぐに挿してランダムに植えてから、すき間にリトルミッシーを植えていくようにしましょう。リトルミッシーはなるべく茎を長くカットして（1.5～2cm）植えると、土に挿しやすいです。

2品種
グレーのグラデーションを楽しんで

《材料と道具》

多肉植物／
❶ パープルヘイズ（p.99）
❷ ダシフィルム（p.99）
鉢／ホウロウカップ
　　（直径7㎝、高さ4㎝）
土／鉢底石、ネルソル
道具／はさみ、スプーン、ピンセット

寄せ植え Advice

はじめに、茎を長めにカットした（1.5～2㎝）パープルヘイズを土に挿します。このとき、高さはそろえすぎないほうがナチュラルな雰囲気に仕上がります。土の表面の8割ほどにパープルヘイズを挿したら、残りの土が見えている部分にダシフィルムを植えていきます。

2品種を使用していますが、同じセダムの仲間なので、統一感が出せます。よく観察すると葉の形は同じですが、パープルヘイズのほうがダシフィルムより葉が二回りほど大きく、紅葉することで、グレー～モスグリーン～紫の色合いをもち、美しいグラデーションを楽しめます。ダシフィルムは非常に小さい起毛した葉で、グレイッシュな色合いが特徴です。この2品種による、グレーの1カラーの微妙な色合いがエレガントにまとまります。

3品種
天使の雫を主役に1カラーでまとめて

寄せ植えの苗選びに迷ったなら、色数を絞って作るのがコツ。シャーベットグリーンの天使の雫をメインに、グリーン1カラーでそろえました。また、初心者さんには育てやすい品種であることも大切ですが、入手しやすさ、それに「かわいい」ということも大事。天使の雫はぷっくりした葉で人気が高く、寄せ植えのポイントになります。

寄せ植え Advice

主役の天使の雫から植えましょう。茎立ちして上に向かって成長する苗のため、カップの中心に、茎をカットして植えます。根つきで植えるより、カットして植えたほうが寄せ植えの形が長く楽しめます。また、マジョールは熟成度により青のグラデーションが変化します。

《材料と道具》

多肉植物／

❶天使の雫

❷マジョール（p.100）

❸ブレビフォリウム

鉢／ホウロウカップ

（直径7cm、高さ4cm）

土／鉢底石、ネルソル

道具／はさみ、スプーン、ピンセット

《材料と道具》

多肉植物／

❶ ビーンスプラウト

❷ ブロウメアナ（p.103）

❸ パープルヘイズ（p.99）

鉢／ホウロウカップ

（直径7cm、高さ4cm）

土／鉢底石、ネルソル

道具／はさみ、スプーン、ピンセット

寄せ植え
Advice

この寄せ植えでいちばん大き
な葉になるビーンスプラウト
を最初に植えてから、パープ
ルヘイズとブロウメアナをラ
ンダムに散らして仕立てます。
ここでは4本挿していますが、
器の大きさや葉の大きさによ
り、本数はバランスで決めま
しょう。ただし、同じ大きさの
ものを選ぶより、サイズを変
えたほうが、ナチュラルさが
出せます。

3品種
各苗の紫色をリンクさせて
シックな印象に

ビーンスプラウトの葉の縁は、寒くなると紫色に染まります。さらにブロウメアナ
の茎の紫、パープルヘイズの紫と、3種類の紫をリンクさせた寄せ植えです。
ちょっと趣向を凝らした作りになりますね。ブロウメアナは白い星形の花を一年
中咲かせてくれるので、多肉植物の寄せ植えのアクセントに。

小さな寄せ植えの飾り方アイディア

小さな寄せ植えは作りやすく、ポット苗で購入した多肉植物を小分けにすれば、いくつも作ることができます。たくさん作ったときは、飾り方で楽しみましょう。

集合させて飾る

小さな鉢植えをいくつか作り、集合させて寄せ鉢スタイルで飾るのがおすすめです。単体でもかわいいですが、集めることで存在感を発揮。横に並べてみたり、トレイや箱に詰めてみたり、いろいろな楽しみ方をしてみてください。

トレイにのせたら、
カフェのメニューのよう♪

棚に
ランダムに並べて

食器や小物を飾る棚に、雑貨感覚で飾ってみるのもすてきです。まるでコレクションボックスのよう。また、「今日はこのコかな?」なんて、その日の気分でテーブルに運んで、ティータイムのお供にするのも楽しそうです。

CHAPTER*2

おいしそうな寄せ植え

MEAL STYLE

CAFE STYLE

キッチングッズを鉢にして、
ツヤツヤの多肉植物を寄せ植えすれば、
なんともおいしそうな仕上がりに！
土が少なくても生育するのは
多肉植物だからこその楽しみです。
ひと口サイズの前菜から、スープ、
サラダ、カフェオレと
バラエティー豊かにそろえました。
同じ器で色を変えれば、
フレーバー違いのできあがり♪

MEAL STYLE

ミニボウルでこんもりサラダ風

ドレッシングなどを入れるミニボウルに、サラダ風の寄せ植えをしてみました。フレッシュなグリーンのグラデーションを意識して苗を選び、みずみずしさアップ！ ひとつはグリーンとイエロー、もうひとつは淡いグリーンとピンクと使う苗の色味を変えると、違いが出て並べて置いてもかわいいです。

寄せ植え
Advice

ミニボウルのころんとした鉢のフォルムに合わせて、ネルソルを使って真ん中がこんもり高くなるようにしています。苗もその形に合わせて、ランダムな配置にしながらも、丸みが出るように挿していきます。2個以上作るときは、色味の違いがわかりやすいように、なるべく同じ苗は使わないようにしましょう。

《材料》

多肉植物/（左のミニボウル）

❶パールビーン（→ p.94）

❷パキフィルム（→ p.101）

❸斑入りタイトゴメ（→ p.100）

❹マジョール（→ p.100）

＊その他の材料は右ページを参照。

「おいしそうな寄せ植え」の作り方 【こんもり編】

ネルソルで作ったドーム形の土台に沿って挿していきましょう。
高さはいちばん高いところで鉢の縁から2cmほどがベター。同じ形の器で複数作るときは、
横から見たときに仕上がりの高さとフォルムをそろえると、並べて置いたときにバランスよく見えます。

《材料と道具》

多肉植物／(p.24 の右のミニボウル)

❶ピンクローサ

❷ビアホップ

❸姫秋麗（→ p.101）

❹ミルキーウェイ（→ p.100）

❺リトルミッシー（→ p.103）

鉢／ミニボウル（10.4cm× 7.5cm、高さ 4.3cm）

土／鉢底石、ネルソル

道具／スプーン、ピンセット

1 鉢底石を入れます

2cm

＼ドーム形に／

鉢穴なしもOK

この作り方なら穴のない器を鉢にしても大丈夫です。水やりはp.17を参考にしましょう。

鉢底石を、縁から2cmくらいまで入れる。続けてネルソルを入れ、真ん中が高くなるようにドーム形に盛り、スプーンの背で形を整える。

2 ピンクローサを挿します

面に対して
垂直に
挿しましょう

＼バランス check！／

ピンクローサをピンセットでつまみ、ピンセットと茎が一体化するように持ち直す。

ネルソルで作ったドーム形の表面に対して、垂直にピンセットで穴をあけ、そこにピンクローサの茎を挿す。

6〜7割ほど埋まるように、ランダムに配置し、全体のバランスを見る。

3 ビアホップを挿します

ビアホップをピンセットでつまみ、ピンクローサの間にランダムに挿していく。

同じ苗がくっつかないようにランダムに配置。

4 姫秋麗を挿します

若い姫秋麗を使うときは、ポットをもんで土をほぐし、根元からつまむ。

間の土を埋めるようにランダムに挿していく。

5 ミルキーウェイ、リトルミッシーを挿していきます

ほかの葉を傷つけないように気をつけます

真上から見てバランス check！

ミルキーウェイは茎が短いので、葉ごと平行につまんで挿していく。

リトルミッシーは、入れる分量をピンセットでつまみとり、茎と根をまとめて、細かい間に挿していく。

2種類で、間を埋めるように挿していく。途中浮いてきやすいので、ときどき手でやさしく全体を押さえて整える。

陶磁器の穴あけ

穴のない陶磁器を鉢にするために穴をあける方法です。

用意するもの
穴をあける陶磁器
マスキングテープ
穴あけポンチ（100円均一ショップやホームセンターなどで入手可能）
金づち
砂（園芸用の土でOK）を入れたバケツ

陶磁器の穴をあけたい部分にマスキングテープを貼り、バケツに入れた砂の上に伏せておく。穴をあける位置に穴あけポンチをあて、金づちで軽く何度もトントンとたたくと、砂が衝撃をやわらげて割れにくくなり、穴があけられる。失敗することもあるので、注意しながら挑戦を。

CAFE STYLE

マグカップでラテアートならぬ多肉植物アート♪

丈が長めで茎立ちした苗を組み合わせて、高さのあるマグカップとのバランスを生かした寄せ植えにしています。茎立ちした苗は、シュッとした直線的な茎に対してぽってりとした葉がつくため、単体でもフォルムを楽しむことができますが、2種類を組み合わせることで葉の色合いのグラデーションも合わせて楽しむことができます。

寄せ植え Advice

茎立ちタイプの多肉植物は、ポットからはずして土を落として植え直しますが、ほぐしすぎると、新しい鉢に寄せたときに安定しないので軽く落とす程度にしましょう。植える前に手で束ねてバランスを決め、器の中で浮かして持ち空間を土で埋めるようにします。

《材料と道具》

多肉植物／

❶セドイデス

❷セドイデス錦

鉢／マグカップ（直径8㎝、高さ8㎝）

土／多肉植物用の土

道具／土入れ

「おいしそうな寄せ植え」の作り方　【茎立ち編】

茎立ちの多肉植物を寄せ植えにするときの
ポイントを紹介します。
茎立ちタイプを単体で植えかえるときの
参考にもなります。

1 茎をまとめます

植える苗を根ごととり、軽く土を落とす。茎を束ね、配置や高さのバランス、ボリュームを整える。

2 高さを決めてマグカップへ

この形が
できあがりに

マグカップに2cmほど土を入れ、束ねた苗を中に入れて、理想の位置でとめる。

苗を動かさないようにしたまま、すき間に土を入れていく。鉢の縁まで土を入れたらできあがり。

高さは鉢の2倍くらいまでにおさめる。

CHAPTER*2

| 08 | 難易度…★☆☆ |

《材料と道具》

多肉植物／

❶乙女心（→ p.98）

❷キャビア

鉢／ミルクピッチャー
　　（4cm× 3.5cm、高さ 4.5cm）

土／多肉植物用の土

道具／土入れ

MEAL STYLE

ミルクピッチャーで花びん風に楽しむ

07マグカップのミニバージョンです。仕立て方もほとんど同じ。底に薄く土を入れてから苗の位置を決めて、小さいスプーンなどですき間に土を入れていきます。

MEAL STYLE

エコでかわいい多肉植物の
アミューズスプーン

レンゲに色とりどりの小さな多肉植物たちを集めてみたら、まるで本物のアミューズ
スプーンディッシュのよう。ついつい口元に運んでみたくなりますね。また、ちょっ
と残ってしまった多肉植物を使えるので、エコな寄せ植えにもなります。

寄せ植え
Advice

レンゲに直接ネルソルを詰め、横から見たときに中央が
高くなるようになだらかな丘の形にします。使う多肉植
物は「この苗」と決めるのではなく、剪定で切ったものや、
寄せ植えで余った
ものなどを集めて
作れます。サイズ
の大きい多肉植物
から挿していきま
しょう。

《材料と道具》

多肉植物／
手元にある苗をいろいろ
写真では、ビーンスプラウト、レッ
ドベリー、ピンクルルビー、ブロ
ウメアナ、リトルミッシー、マジョー
ル、斑入りグリーンネックレス、
斑入りパリダムなどを使用
鉢／レンゲ（7㎝×4㎝）
土／ネルソル
道具／スプーン、ピンセット

MEAL STYLE

スープボウルで
クラムチャウダー風に

ミルクたっぷりのクラムチャウダーをイメージして、淡いアイボリーがかった
ぷくぷくとした肉厚の多肉植物を集めた寄せ植えです。グラデーションの中の
ほんのり赤みはホンビノス貝に、緑はパセリに見えてきます。

寄せ植え Advice

基本の作り方は「**06**ミニボウル」
（→p.24～26）と同じですが、ネ
ルソルの高さは少し控えめに。少
し面が大きくなるので、まずは色
の配置が規則的にならないよう
に、大きい苗だけランダムに仮置
きして位置を決めておきましょ
う。その後、大きい苗から植えて
いきます。肉厚の多肉植物は葉
が落ちやすいものが多いので、苗
を入れる際に、隣の苗に当たら
ないように慎重に挿していきます。

《材料と道具》

多肉植物／

❶ ティテュバンス錦

❷ ロココ

❸ 姫秋麗錦（→ p.102）

❹ パキフィルム（→ p.101）

❺ ビーンスプラウト

❻ ダシフィルム（→ p.99）

鉢／スープボウル（直径 11㎝、高さ 5.5㎝）

土／鉢底石、ネルソル

道具／はさみ、スプーン、ピンセット

CAFE STYLE

コーヒードリッパーで 泡立つコーヒーを思い浮かべて

シンプルで温かみのある北欧風のコーヒードリッパーを使って寄せ植えを作ります。ここで使ったドリッパーは淡いグレーなので、全体的に色のトーンを深みのある色にまとめ、メリハリを出しています。使う器の色で多肉植物の色合いを決めましょう。

寄せ植え
Advice

コーヒードリッパーの穴が、ちょうど水抜きの穴に。底より一回り大きいサイズで鉢底ネットをカットして入れますが、あとは「06ミニボウル」（→p.24～26）と同じです。ネルソルはコーヒードリッパーの縁より少し低く整え、多肉植物を植えたときにドリッパーの縁と多肉植物の首元が同じくらいの高さになるように、そろえて植えます。

《材料と道具》

多肉植物／

❶ エケベリア hyb

❷ ピーチ姫

❸ スプリングワンダー×プロリフィカ

❹ 姫秋麗錦（→ p.102）

❺ ペレスデラロサエ（→ p.100）

❻ 乙女心×プロリフィカ

鉢／コーヒードリッパー（直径 10cm、高さ5cm）、鉢底ネット

土／鉢底石、ネルソル

道具／はさみ、スプーン、ピンセット

コーヒーミルで
豆とひいた粉を演出

昔ながらのシンプルなコーヒーミルを鉢代わりに。豆を入れるミルの部分と、ひいたあとの粉を受ける引き出しで、色を変えたり、苗の大きさを変えることでコーヒーミルの特徴を生かした寄せ植えに仕上がります。

《材料と道具》

多肉植物／

❶ エケベリア hyb

❷ モラニー

❸ プリドニス

❹ オレンジドリーム

❺ だるま姫秋麗×スプリングワンダー

❻ ピンクルルビー

❼ 玉葉

❽ パープルヘイズ（→ p.99）

鉢／コーヒーミル（直径8㎝、高さ4㎝）、
　　排水口ネット

土／鉢底石、ネルソル

道具／はさみ、スプーン、ピンセット

寄せ植え Advice

土を入れる前に、キッチン用の排水口ネットをピンセットで上のミル部分に入れて、土が止まるようにしておきます。あとは「**06 ミニボウル**」（→p.24 ～ 26）と同じです。上の段は真ん中が高くなるようにしてハンドルに苗が当たらない程度にするのがきれいに仕上げるコツです。引き出しは全体に土を入れて、出す部分にだけ苗を植えます。

CHAPTER*3

多肉植物を花に見立てて

MIMOSA

LAVENDER

CHERRY BLOSSOMS

ROSE

VIBURNUM

FLANNEL FLOWER

身の回りに草花や木を置きたいけれども、スペース的に難しかったり、
世話がたいへんだったりして、あきらめている人も多いことでしょう。
そんな方におすすめなのが多肉植物の寄せ植えで表現する花です。
かくいう私も、そのひとり。
多肉植物なら小さな寄せ植えが作れるうえ、世話もらくちん。
苗の形や色合いを工夫して、好きな花や季節の花を飾るように、寄せ植えを作ってみませんか?

ミモザの
黄色いふわふわをイメージ

MIMOSA

春先になると、タンポポや菜の花など黄色い花がたくさん咲き始めますが、小高木からたわわに花を咲かせるミモザの存在感は格別。切り花を飾る感覚で、ミモザの色やふわふわ感を演出できる多肉植物を集めてみました。ミモザっぽさがありながら、小さくて愛らしい鉢ができます。

ミモザ
《ギンヨウアカシア》

黄色の房状の花を枝にぶら下げ、春の訪れを告げる人気の常緑小高木。シルバーグリーンの細い葉はやわらかな印象で、ドライフラワーとしても楽しめます。とても成長が速く大きくなるので、植えるスペースを選びます。ぜひ多肉植物でミモザ気分を楽しんで。

苗の選び方

ここでは❶ダフネ、❷斑入りタイトゴメ（p.100）、❸アポレイポンを選びました。セダムの❹アクレアウレウム（p.98）は、春になると黄色くホワンとした新芽が出てきます。このやわらかな風合いがミモザの花に似ています。ミモザの花の黄色と、シルバーグリーンの葉色の雰囲気の寄せ植えは、使用品種も少なく、どう配置してもかわいく仕上がります。

➡数字は植える順番です。苗以外の材料・道具と作り方は p.35〜36 を参照してください。

ミモザ風にこちらもおすすめ

ミルクゥージ

抹茶ミルクのようなやわらかいグリーンのグラデーションの細葉のセダムです。小さな葉の繊細な雰囲気も、ミモザの葉のイメージにぴったり。

細葉黄金万年草
（ほそば おうごんまんねんぐさ）

ひとつの穂が2mmほどと非常に小さく、小さな星形の葉は明るい黄色で、まるでミモザの花のよう。葉が小さいために水ぎれを起こしやすいので、茎を長めにカットして挿すのがコツです。

「多肉植物を花に見立てて」の作り方

このchapterでは花をイメージした寄せ植えを、小さな鉢で作ります。
土は多肉植物用の土をメインにして、ナチュラルな雰囲気に仕立てます。
花に見立てた多肉植物の色が引き立つように、隣に植える品種をまったく違う色にしたり
サイズを変えたりして変化をつけながら、ランダムに植えていくのがコツです。

《材料と道具》

多肉植物／

❶ ダフネ

❷ 斑入りタイトゴメ（p.100）

❸ アポレイポン

❹ アクレアウレウム（p.98）

鉢／直径8㎝、高さ6㎝、鉢底ネット

土／鉢底石、多肉植物用の土

道具／土入れ、ピンセット、霧吹き

１ 土を入れます

鉢穴に鉢底ネットをのせ、鉢底石を鉢の1/3ほど入れる。

土を加え、鉢の縁いっぱいになるようにする。

２ ダフネを植えます

ダフネの茎を1.5〜2㎝ほどの長さで切り、茎をピンセットで挟んで土に挿すように植える。ランダムに植えながら、片寄らないように配置する。

３ 斑入りタイトゴメの準備をします

葉が土に入ると
腐ってしまうので、
気をつけ
ましょう

タイトゴメを茎をピンセットでつまみ、ひねるようにとる。余分な下葉ははずす。

4 斑入りタイトゴメを植えます

湿らせると
土が締まって、
苗が
落ち着きます

ピンセットで茎を挟み、全体にちりばめられるようにランダムに植え、数本植えたら、時々霧吹きの水をかけて土を湿らせる。

ここまでで土の表面の7割ほどを埋める。穂先の色の違いも生かした配置に。

5 アポレイポンとアクレアウレウムを植えます

アポレイポンとアクレアウレウム エレガンスは、それぞれピンセットで茎をつまんで、ひねるようにとる。とくに、アクレアウレウムは長めに切っておくと、根づきが早まり長もちする寄せ植えに（下葉をとらなくてもOK）。

2種の苗を、すき間や土が見えているところを埋めるように植えていく。土が乾いてきたら、霧吹きで水をかける。

埋め終わったら、手で中心に寄せるように整えてすき間を確認する。

6 仕上げをします

真上から見て
バランス check！

寄せてすき間ができたら、縁から土を加える。

土を加えたところに、霧吹きで水をかける。

周囲のすき間に、タイトゴメやアポレイポンのようなセダム類を植え、土が見えないように仕上げる。

はかなげな桜の花びらを表現

桜の開花のニュースに人々は心を躍らせ、花見が楽しめる通りや公園などはにぎやかな人だかりになります。にぎやかさに身をゆだねるのもいいですが、たまにはかわいい薄桃色の多肉植物を集めて、家でゆっくりと桜風寄せ植えを愛でるのはいかがでしょうか。

CHERRY BLOSSOMS

トリマネンシスhybをメインに鉢に三角形になるように植え、その周りにプロリフィカや姫秋麗などを数本ずつまとめて植えていきます。白雪ミセバヤとブレビフォリウムの白の色合いは、鉢の縁にまとめて植えましょう。中心から外に向かって白の分量がだんだん増えるようにすると、より桜のひと枝のようにも見えます。トリマネンシスhybの高さを周りの苗が越えないように植えていきましょう。

桜
《ソメイヨシノ》

日本人にとって特別な花である桜は、多くの歌や絵、文学などに登場します。観賞用として最も有名で、気象庁の「さくらの開花状況」として発表するのがソメイヨシノ。咲き始めは淡い紅色で満開になると白さが増す特徴があります。

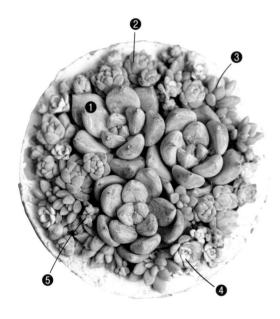

苗の選び方

❶トリマネンシスhybは、葉先は濃いピンクで中心は淡いピンクと、この微妙な色合いがソメイヨシノの奥ゆかしさを感じさせます。さらにシュッとした葉全体の形は星形で、桜風に楽しむのにおあつらえ向き。小ぶりの桜色の苗の**❷プロリフィカ**や**❸姫秋麗**(p.101)は桜のかたいつぼみ、**❹白雪ミセバヤ**(p.99)と**❺ブレビフォリウム**は散り際に白っぽくなる花びらを表現しつつ、桜色を引き立たせるために選んでいます。

➡数字は植える順番です。苗以外の材料・道具と作り方はp.35〜36を参照してください。

桜風にこちらもおすすめ

アルバミニ

トリマネンシスhybと同じエケベリア属で、透明感のある白から紅葉するとほんのり桜色に染まり、桜の寄せ植えの主役に向きます。三角形の葉が集まり、上から見ると締まった形で、どこか和風テイストの苗です。

姫秋麗錦
（ひめしゅうれいにしき）

姫秋麗の斑入り品種。ひとつの穂や葉でも少しずつ色合いが違い、やさしい桜色の紅葉の雰囲気が合います。姫秋麗と姫秋麗錦を多めに使って桜のイメージでリース形の寄せ植え（p.59）を作ると、桜の花びらをちりばめたような仕上がりに。

ビバーナムの丸みを
多肉植物の苗にリンクさせて

小さな花が集合した、ビバーナム'スノーボール'に似ているな、と思っていた多肉植物がありました。このコロンとしたフォルムのボールオブファットを中心にした寄せ植えで、切り花や庭木で人気の高いビバーナム'スノーボール'を表現。本物と同じくいろいろな植物と相性がよいので、庭でのコーナーづくりにも適しています。

VIBURNUM

寄せ植え
Advice

メインの苗、シャーベットグリーンの
ボールオブファットをビバーナムに見
立てて、サイズ違いの苗をランダムに
植えていきます。このとき、大きめの
苗ほど鉢の中心に、そのわきに小ぶり
の苗を植えるとよりビバーナムらしく見
えます。そのあと天使の雫を、つぼみ
のイメージで散らして、残りの多肉植
物を葉の役割として、花を引き立たせ
るようにすき間に植えていきましょう。

ビバーナム
《ビバーナム 'スノーボール'》

新緑のまぶしい5月前後に花を咲
かせます。花の色がグリーンから
白に変化していく様子が美しく、
切り花としても庭木としてもさま
ざまな植物との相性がよいのが特
徴のひとつ。葉の形はカエデのよ
うな形をしています。

苗の選び方

丸みのある形で、白から緑の色合いの多肉植物として、
❶ボールオブファット（p.96）をメインに選んでいま
す。さらに同系色のぷっくりした葉の**❷天使の雫**、す
き間を埋めるセダム類にはやわらかな緑色で花を邪魔
しない、**❸パープルヘイズ**（p.99）、**❹ミルキーウェイ**
（p.100）、**❺斑入りパリダム**を合わせていきます。

➡数字は植える順番です。苗以外の材料・道具と作り方はp.35
～36を参照してください。

ビバーナム風にこちらもおすすめ

バブルガム

丸みを帯びた葉姿がビ
バーナムのようで美しい品
種です。耐寒性、耐冬性
ともに強く育てやすく葉挿
しで増えやすい。上に成
長しながら群生します。

月影

透明感のあるグリーンが
ビバーナムのような色合
いに。月影は寒さに当てる
と白みが増します。時間を
かけて育てると群生する
ので、サイズの違う苗を
使うのがコツ。

41

バラの優雅なフォルムを
葉のフリルで表現

バラの中でもグレイッシュカラーをイメージして多肉植物を寄せ植えにしてみました。バラの優雅さは、ベルベットのような質感と、ゆるいフリルをもった花びらの1枚ずつが多層に巻かれた姿にあらわれています。近いイメージの苗を選んで、花束のように鉢に仕立てています。

ROSE

4品種という、少ない品種で作りますが、ひと鉢の中で色合いに変化をつけられる苗を選び、バラエティー豊かに配置していきます。同様に苗の大きさもさまざまなものをランダムに配置することで、いろいろなバラを集めたように見えるでしょう。

バラ

花の女王といわれるバラは北半球に自生。園芸品種が星の数ほどあり、花形もカップのように咲くもの、エケベリアのようなロゼット咲き、スプレータイプなどさまざまで、それぞれに色合いも豊富です。

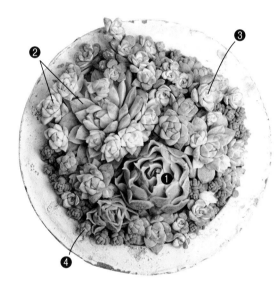

苗の選び方

❶**シムランス**は薄葉で葉先にフリルがかかり、グレイッシュなブルーがオールドローズのような姿をしています。これを中心に、色合いを寄せた苗を選ぶと、自然とまとまりのある美しい寄せ植えに。斑入りの❷**プロリフィカ錦**(p.96)、❸**白雪ミセバヤ**(p.99)、❹**ダシフィルム**(p.99)でシックに整えました。

➡数字は植える順番です。苗以外の材料・道具と作り方はp.35〜36を参照してください。

バラ風にこちらもおすすめ

ラブリーローズ

その名のとおりバラのつぼみが開くようなロゼットが美しい品種。茎立ちしながら葉数を増やして成長するため、植えるときは根つきではなくカットして植えたほうが寄せ植えのフォルムが長持ちします。

オウンスロー

葉数の多さとカップのような葉姿が、バラのイメージにぴったり。通年はライムグリーンですが、紅葉期にはクリームがかったオレンジに染まり、それぞれに楽しめます。暑さ寒さにも比較的強く育てやすいので、手がかかりません。

ラベンダー畑を思い浮かべる寄せ植えに

ラベンダーの花といえば、一面を紫に染めるラベンダー畑を思い浮かべる人も多いでしょう。そんな景色を小さい鉢にぎゅっとまとめてみました。ドライフラワーの花束のような雰囲気にもなります。

LAVENDER

ラベンダーカラーの多肉植物を
集めてランダムに寄せ植えし、
土の表面の9割ほどを埋めます。
パープルヘイズは葉がポロポロ
と落ちやすいので、苗を植える
ときに隣の苗に当たらないように
気をつけましょう。残りの1割の
部分を、グリーン系の苗で高さ
をそろえて植えていきます。

ラベンダー

ハーブの一種で、飲食に利用され
るほか、乾燥させたり精油を抽出
させたりしてリラックス効果のあ
る香りが利用されます。園芸品種
が盛んに開発され、さまざまな花
色がありますが、ラベンダー色と
いえば薄紫色を指します。

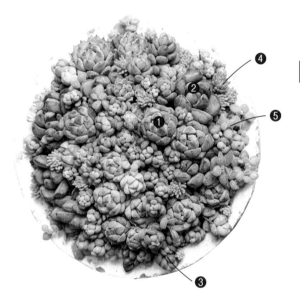

苗の選び方

薄紫色で小ぶりの苗の**❶プロリフィカ**、**❷パープルド
リーム**、**❸パープルヘイズ**(p.99)をラベンダーの花に見
立てて選びました。また花色を引き立てる緑色には、さ
らに小ぶりの**❹クリームソーダ**(p.98)、**❺ブロウメアナ**
(p.103)を今まで植えた部分のすき間に高さがそろうよう
に植えます。

➡数字は植える順番です。苗以外の材料・道具と作り方はp.35
～36を参照してください。

ラベンダー風にこちらもおすすめ

クララ

紅葉すると写真のように、
イチゴミルクのようなやさ
しいピンクに染まります
が、染まる前の色合いが
ラベンダー色でおすすめ。
葉が短く、寄せ植えに使
いやすい品種です。

スノーバニー

普段の葉はグレイッシュなピン
クですが、紅葉すると、写真
のように中心からラベンダーカ
ラーに染まります。葉挿しでも
よく増え、手に入りやすい苗な
のも代替案としてのポイント。
苗が大きめのときは、外葉をは
ずしてサイズを調整します。

フランネルフラワーの
白から緑のグラデーションに

まさにフランネルの生地のようなマットでやさしい風合いのフランネルフラワーをイメージして、やわらかい白から透明感のあるアイスグリーンのグラデーションの苗を集めました。シャープな花びらとリンクするようなエケベリアもポイントに。

FLANNEL FLOWER

主役のエケベリアは2つだけなので、真ん中より少しずらして配置することで、動きが生まれます。ぷっくりした天使の雫は主役の周りに数株ずつまとめて添えると、大きな主役とのバランスがよくなります。残りの2つはすき間を埋めるように、苗が上を向くように植え、横から見た高さが、主役より高くならないようにしましょう。

フランネルフラワー

フランネルフラワーは白くやわらかい印象の花びらと、花びらの先端がグリーンがかっているのが特徴です。葉も茎もやわらかなアイスグリーンで、全体的にやさしい雰囲気。水ぎれ、蒸れにも弱くデリケートな植物です。

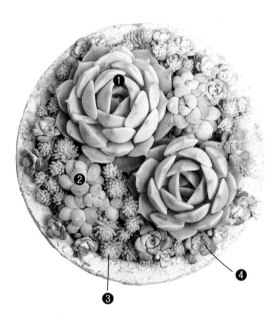

苗の選び方

1枚ずつの花びらが大きめで先端がとがっている形、色がマットな白のエケベリアの❶**ローラ**をフランネルフラワーに見立てています。❷**天使の雫**はつぼみのイメージなので、なるべく小さい苗で白っぽいものをセレクト。葉と茎を表現した❸**クリームソーダ**(p.98)と❹**白雪ミセバヤ**(p.99)のやさしいグリーンで囲みます。

➡数字は植える順番です。苗以外の材料・道具と作り方はp.35〜36を参照してください。

フランネルフラワー風にこちらもおすすめ

だるま姫秋麗錦
（ひめしゅうれいにしき）

斑入りのだるま姫秋麗です。だるま姫秋麗はだるま秋麗の小型種で、粒の直径が小さく、天使の雫の代わりにつぼみのように扱えます。紅葉していない状態だとほんのりグリーンがかったホワイトで、よりぴったり。

ヒューミリス

白っぽいエケベリア。一年を通じてかわいらしい見た目で、育てやすい品種です。どんな寄せ植えにも合わせやすいのも魅力。小型で透明感があり、フランネルフラワーらしさが感じられます。

増やしやすく、かけ合わせしやすい多肉植物

多肉植物は増やしやすい

多肉植物の寄せ植えにおすすめの品種であるエケベリア、セダムは、これまでも紹介してきたように生命力が強いため、葉挿しや挿し芽などで簡単に増やすことができます。

また近年違う品種同士をかけ合わせて新しい品種を作る属間交配などもさかんに行われるようになりました。インターネットでもこれらの情報が多く出回り、趣味で増殖やかけ合わせを楽しむ方が増えています。

新品種の流通は定着しないことも

花粉を採取してめしべにつけるというシンプルな工程でどんどん新しい品種が作られ、中国や韓国では大規模ハウスで大量に生産されています。そのため、名前が品種に追いつかず、昨年の春に買った苗が次のシーズンには流通しなくなって、手に入らないことも多いのが現状です。

本書の掲載品種についても同様です。名前で探して見つからないときは、似た色合いや形の苗を探してみてください。育ち方を考慮して植える必要があるので、代替品を探すときは、同じ属性のものを探すようにするとよいでしょう。

新品種作りの例

形が好きなエケベリアの色合いを、もう少し紫色がかったものにしたいとき、元の苗に紫色のエケベリアの花粉を受粉させてタネをとると、一気に増やすことができます。これを逆にして、元のエケベリアの花粉を紫色のエケベリアのめしべにつけると、逆交配といってまた全然違う印象の苗ができることがあります。タネから増やす場合、色合いや形、どちらに似るかは運しだいのところもあり、育てていくうちに顔がはっきりしてくるので、個体差をよく見極めて、好みの顔のエケベリアができたら、その苗を葉挿しなどにして増やすと、より好みの個体の特徴をもった苗を増やすことができます。

また、属間交配はここ数年増えてきた交配方法です。たとえば寒さに弱いセダムに、寒さに強いエケベリアをかけ合わせたりしてより育てやすい品種を作ったり、好みの色合いの苗を作ったりすることができます。

ご注意ください！

増殖したものや新品種を売る場合、農林水産省で品種登録されているものを販売すると種苗法などの法律違反になってしまいます。品種登録されているか、農林水産省のHPや書籍などで確認することが大切です。（現在エケベリア属は品種登録されていませんが、セダム属は一部品種登録されているものがあります）

初心者さんでもできる多肉植物の増やし方

ここでは元の株から葉や茎を採取して増やす方法を紹介します。その苗の生育期に行うのがおすすめです。
いずれのタイプも、植えかえ後は軒下の明るめの日陰で管理します。

【用意するもの】
霧吹き、多肉植物用の土（挿し芽用のものでもよい）、
粒状殺虫剤（オルトランなど）、はさみ、スプーン、ピンセット

葉挿しタイプ

この方法に向くのは、エケベリアや肉厚な葉のタイプの
多肉植物。虹の玉などもこの方法で増やせますが、
乙女心は葉挿しができません（斑入りの多肉植物や乙女心の
増やし方は「茎が長いタイプ」で増やす）。

〈対応品種〉エケベリア、姫秀麗、パープルヘイズ、虹の玉、
プロリフィカ、グリーンジェムなど

1
苗を軽く手で押さえ、葉を指でつかんで
左右にゆすって増やしたい枚数をとる。

2
小さなポットに土を入れ、表面がぬれる程度に
霧吹きで水をかける（この作業は、ほかの方法のとき
も同様にする）。

3
とった葉のつけ根が、
土に触れるようにして斜めに挿す。

4
再び霧吹きで全体を湿らせる。
こうすると次の手順の殺虫剤が飛ばない。

5
スプーンですくった殺虫剤を、葉の周りに適量まく。

1週間後に発根した葉。表面
の土が乾いたら、そのつど、
霧吹きで水やりをする。ある
程度成長してきたら、ひと回
り大きな鉢に植えかえを。

胴切りでも増やせる

多肉植物は、上の茎の部分と下の茎の部分を切り離し
ても増やせます。多肉植物のカットしたい部分をテグス
などで巻いて、ギュッと引くときれいに切れます。
これを胴切りといい、上の茎は
発根したら植えつけ、下の茎か
らは子株が吹いて増えます。

茎が短いタイプ

この方法に向くのは、細葉のセダム類が多いです。細葉のセダム類は、グラウンドカバーとしてもよく使われる人気の多肉植物です。

〈対応品種〉
細葉黄金万年草、
ミルクゥージ、
ヒスパニカム、
ミルキーウェイなど

1
細葉のセダムをピンセットでひとつまみし、なるべく根ごと、もしくは茎を長めに引き抜く。

2
小さなポットに土を入れ、表面がぬれる程度に霧吹きで水をかける。苗をピンセットでつまみ、根や茎が土に密着するように土に挿す。

3
植え終わったら株全体に霧吹きで水をかけ、
∨ 適量の殺虫剤を株の周りにまく。

茎が長いタイプ

この方法に向くのは、茎立ちして上に向かって育つ多肉植物。虹の玉は葉挿しでも増えますが、斑入り品種・オーロラの場合は先祖返り（斑がなくなる）させないために、こちらの方法がおすすめ。

〈対応品種〉
乙女心、
オーロラ（虹の玉の斑入り）、
虹の玉など

1
頭が重い苗は、土に挿したときに倒れないように茎を長めに切り、3㎝くらい土に入れられるようにする。

2
小さなポットに土を入れ、表面がぬれる程度に霧吹きで水をかける。茎に沿ってピンセットでつまみ、土に挿す。

3
苗の首元が土の表面につかない程度まで深く挿す。ほかにカットした苗も、混み合わない程度に離して植える。植え終わったら株全体に霧吹きで水をかけ、
∨ 適量の殺虫剤を株の周りにまく。

ネックレスタイプ

この方法に向くのは、茎を長く伸ばしながら這うように（匍匐_{ほふく}）成長する多肉植物。土に触れている面積が広いほど発根しやすいので、玉ごと植え込みます。

〈対応品種〉 グリーンネックレス（斑入り、斑なし）、
ハートカズラ、ルビーネックレスなど

グリーンネックレスやハートカズラなどは、気根ででているところを見つけ、その下を切る。そして、気根を入れ込むように植え、玉が隠れるように土を軽くかぶせる。

草タイプ

この方法に向くのは、やわらかい茎に細かい葉がついた草のように見える多肉植物。しっかり茎を土に挿して、あまり動かないようにそっと水やりすると根づくのが早いです。

〈対応品種〉 ブロウメアナ、リトルミッシー、
白雪ミセバヤなど

やわらかい茎に葉がついたブロウメアナなどは、葉のないところで2〜3㎝ほどの長さで切って、茎の下部が隠れるように植える。

CHAPTER*4

多肉植物で作る大人かわいい世界

多肉植物の繊細な色合いを生かして、大人かわいい寄せ植えを
作ってみましょう。ここではテーマカラーを決めて、
あえて同系色で植え込みました。色の統一感があれば、多めの品種を使って
複雑なレイアウトにしても、まとまりのあるおしゃれな作品に仕上がります。

4 colors の寄せ植えカルテット

Purple

【材料】
①だるま秋麗(p.101)
②コミックトム
③ビアホップ
④パープルドリーム
⑤パープルヘイズ(p.99)
ほか

ふっくらとした葉が特徴的なだ
るま秋麗に、光るような白さの
ビアホップ、濃い紫に霜をまとっ
たようなコミックトムなどを合わ
せて、白から紫のグラデーショ
ンにしています。

Pink

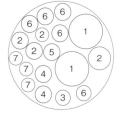

【材料】
①沙羅姫蓮華
②グリーンジェム(p.99)
③斑入りグリーンネックレス(p.102)
④ビアホップ
⑤オーロラ(p.98)
⑥レッドベリー(p.100)
⑦プロリフィカ
ほか

イチゴミルクのような色合いの
沙羅姫蓮華に、真っ赤に色づい
たレッドベリーを添えて、デザー
トのようなアレンジに。緑のさ
し色で、ピンク系の色が引き立
ちます。

パステルカラーの小さな鉢と植える苗の色を合わせて、4つのカラーで仕立てました。ひとつだけでもかわいいのですが、並べて飾ることでグンとグレードアップします。横に並べたり、円形に並べたり、ギュッと花束のように集めたり、高さを変えてディスプレイしたりなど、飾り方を楽しめる寄せ植えです。

寄せ植え Advice

まずはテーマカラーに合わせて主役の苗を決めます。次に主役をより美しく見せるための、わき役となる小さな苗を選ぶことが、バランスよくまとめるコツです。また、並べたときに横から見た高さがそろうようにすると、それぞれのテーマカラーを際立たせることができます。

《材料と道具》（4つ共通）

鉢／直径8㎝、高さ7㎝、鉢底ネット

土／鉢底石、多肉植物用の土

道具／はさみ、土入れ、ピンセット（スプーンなど）、霧吹き

Blue

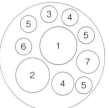

【材料】
①ホワイトミニマ
②アルバ
③だるま秋麗(p.101)
④パキフィルム(p.101)
⑤ブルービーン(p.102)
⑥コミックトム
⑦樹氷
ほか

ブルーをポイントに白やグリーンの苗を選んで、寒色系でまとめてみました。名前にブルーが入った苗を集めるのもおすすめ。葉先の赤が少し入ると寒色系がより映えます。

White

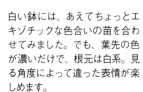

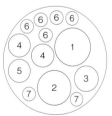

【材料】
①マリア(p.96)
②クララ
③七福美尼
④リトルビューティー
⑤パキフィルム(p.101)
⑥スプリングワンダー
⑦斑入りグリーンネックレス(p.102)
ほか

白い鉢には、あえてちょっとエキゾチックな色合いの苗を合わせてみました。でも、葉先の色が濃いだけで、根元は白系。見る角度によって違った表情が楽しめます。

「多肉植物で作る大人かわいい世界」の作り方

子どもっぽくなりすぎない、ニュアンスカラーをテーマにした寄せ植えなら、その色が引き立つように配置を考えながら植える必要があります。小さい鉢に、レイアウト(配置)をある程度決めて植えていく方法を紹介します。

《材料と道具》

多肉植物／

マリア(p.96)、だるま秋麗(p.101)、

オーロラ (p.98)、プロリフィカ、

姫秋麗 (p.101)、

パキフィルム (p.101)、

斑入りグリーンネックレス (p.102)、ブロウメアナ (p.103)、

クリームソーダ (p.98)、アクレアウレウム (p.98)、

ブレビフォリウム、キューティーピーチ、パールビーン (p.94)

鉢／直径8cm、高さ7cm、鉢底ネット

土／鉢底石、多肉植物用の土

道具／はさみ、土入れ、ピンセット、霧吹き

1 土を入れます

鉢穴に鉢底ネットをのせ、鉢底石を鉢の1/3ほど入れてから、土を鉢の縁まで入れる。

2 レイアウトを決めます

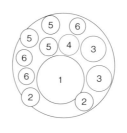

主役を決め、大きい苗の配置をだいたい決めておく。ここでは①マリア、②斑入りグリーンネックレス、③キューティーピーチ、④オーロラ、⑤パキフィルム、⑥プロリフィカの配置をイメージ。(右写真はできあがりの配置)

3 マリアを植えます

中心ではなく、少しずらすことで動きのあるレイアウトに♪

大きい苗か、主役にする苗から植える。マリアはポットごと手でもんで苗を出し、根の土をしっかり落とす。

上から見て苗の形が丸くなるよう、外葉をはずして整える。

植える位置にピンセットで穴をあけ、根を土の中にしまうように入れ込む。このとき、もう一方の手を添えて、位置がずれないようにする。

根元に霧吹きで水をかける。苗の重みと水による締まりで土がへこむので、土を足して指で押さえる。この作業を苗を植えるたびに行うと、決めたレイアウトに定まりやすい。

4 マリアの周囲を埋めていきます

利き手側回りに植えていくと、ピンセットがじゃまにならずに作業がらくちん♪

グリーンネックレスを1房抜いてマリアと鉢の縁の間に植え、先を少し垂らすようにする。

その横に、キューティーピーチを1〜2本切って植える。

オーロラは使う部分から1〜1.5cmほど茎を残して切り、不要な葉をはずす。土に茎の長さ分の穴をあけて、マリアを囲むように植える。

パキフィルムを2〜3本切り、マリアを囲むように植える。全体のバランスを見て、調整。

5 小ぶりの苗を植えていきます

土が見えているところに、姫秋麗など小ぶりの苗を植える。4と同様に、利き手側回りに植えていくと、他の苗を傷めにくい。

セダム類は余計な葉をはずして植える。バランスをみて鉢からはみ出させても。

6 土を足します

土の量は常に縁まであるのがベター

土の部分がないように見えても、まだ余裕があるもの。苗を手で中心に集めるようにやさしく押さえて配置を整えると、すき間ができる。上から押さえ鉢ごと傾けて、土の量を必要に応じて追加する。

7 すき間を埋めていきます

ごく小さな苗を、できたすき間に挿していく。ただし、ほかの苗が動かないように手で押さえること。茎が細長くやわらかいタイプの苗なら植え込みやすい。

苗の間にもすき間があったら挿していくと、小さいながらも存在感のある寄せ植えに。いろいろな角度から見て、苗が鉢の中心でいちばん高くなっていることを確認。

できあがったら、鉢をぐるりと回してバランスcheck！

さわやかなグリーンのグラデーション

濃い緑から、ライムグリーン、黄緑の苗を集めて緑のグラデーションを表現。さし色として、黄色やオレンジに紅葉した多肉植物を加えることで、単調にならないにぎやかな寄せ植えに。鉢をホワイトにすることで、キャンバスに描かれた絵のように、色合いの美しさを楽しめます。

《材料と道具》

多肉植物／

①春霞　②グリーンローズ

③ジョイスタロック　④乙女心（p.98）

⑤マッコス　⑥パキフィルム（p.101）

⑦グリーンネックレス　ほか

鉢／15cm×14.5cm、高さ4.5cm

土／鉢底石、多肉植物用の土

道具／はさみ、土入れ、ピンセット、霧吹き

寄せ植え Advice

寄せ植えをするときは、ついつい上からばかり見てしまいがちです。とくに背面があるタイプの鉢は、横からの姿が美しいように整えていきましょう。奥には高さの出せる多肉植物を使うことがポイントです。

21 難易度…★★☆

高貴なイメージのローズカラー

ブック型の木製の鉢に、ローズ系の色合いの苗を植え込みました。こんもりとした形に仕上げることで、まるで物語の中から花々があふれだしてきたかのように見えませんか。

寄せ植え Advice

縁から2cmほどまで鉢底石を入れ、表面はネルソルを入れてこんもりと丘のように形を作ります。そこへ、p.16のように、表面に対して垂直に茎を挿します。大きい苗が多いので、とくにはじめのレイアウトイメージが大切。植えるときは上から植えていきましょう。

《材料と道具》

多肉植物／

①オーロラ（p.98）

②沙羅姫蓮華

③乙女心（p.98）

④姫秋麗（p.101）

鉢／9cm×7cm、高さ4cm

土／鉢底石、ネルソル

道具／はさみ、土入れ、ピンセット、霧吹き

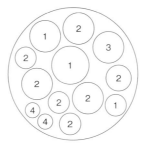

上品な花束のような
パープルアレンジ

名前にパープルの入った小ぶりの2つの苗は、少し暗めのしっとりした色みをもっています。これらを生かすよう、赤紫の大きめの品種を合わせ、お互いに引き立て合う寄せ植えに。

《材料と道具》

多肉植物／

①ビーンスプラウト

②リトルビューティー

③斑入りグリーンネックレス(p.102)

④パープルドリーム

⑤パープルヘイズ（p.99）　ほか

鉢／直径4cm、高さ6cm

土／鉢底石、多肉植物用の土

道具／はさみ、土入れ、ピンセット、
　　　霧吹き

寄せ植え Advice

パープルヘイズは、粒が重たく葉がたいへん落ちやすいので、ピンセットを使ってやさしく植えます。紫色の多肉植物は、夏の高温多湿に弱いものが多く、明るめの日陰に置いて風通しに注意しましょう。

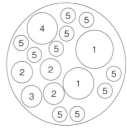

姫秋麗のピンクを生かした
キュートなリース

ひめしゅうれい

ぷっくりした葉、透明感のあるピンクを基調に白や淡いグリーンのグ
ラデーションをもつ姫秋麗だけでアレンジ。グレーのリース形の鉢に
合わせたことで、シンプルに色味を際立たせることができました。

《材料と道具》

多肉植物／姫秋麗（p.101）

鉢／直径 10cm、高さ 3.5cm

土／鉢底石、ネルソル

道具／はさみ、土入れ、ピンセット、

霧吹き

寄せ植え
Advice

幅の中心が高くなるように、ネルソルで丸みのある形を作ってお
きます。姫秋麗は葉が落ちやすいので気をつけて挿していきま
しょう。落ちた葉を使って葉挿しで簡単に増やすことができるの
で、自分で増やした苗を使って、リースを作るのもいいでしょう。

鉢選びも楽しみのひとつに

Column-3

多肉植物は成長がゆっくりです。また、土のスペースが多少狭くとも
植えることができるため、本来の鉢以外のものにも寄せ植えすることができます。
そんな多肉植物だからこそ楽しめる、鉢のアイディアについて紹介します。

　私の名前のkurumi（くるみ）は、クルミの殻の小さなスペースに多肉植物を植
えたことに由来しています。多肉植物は土の分量が少なくても植えられるので、
海岸で拾った貝殻や流木などの、少しのくぼみさえあれば寄せ植えが可能です。

　また古道具の質感と多肉植物の相性もぴったり。古いお菓子の型やケーキ
型はもちろん、一見くぼみがなさそうなタイプライターや古い手押しの井戸ポ
ンプ、古い自転車のかごや鉄びんなどにも、固まる土のネルソルを使うことで
多肉植物を植えられます。土がもれそうなかご類には、麻布やココヤシファイ
バーを敷き詰めればOK。さまざまな工夫をしながら、いろいろなものに多肉
植物の寄せ植えを作ってみましょう。

　その他のアイディアとしては、卵の殻、ペイントや塩水につけてさびさせる
などしたユーズド加工の空き缶、昔はいた本革の編み上げブーツなどなど。タ
ニラー（多肉植物好きさんのこと）は穴を見つけたらなんでも植えてみたくなる
方が多い気がします。

　少しのくぼみがあって耐水性がある素材であれば、なんでも植えることがで
きると思います。周囲を見回したとき、「ワタシに多肉植物を植えて〜」と静か
な熱い視線を感じたら、もうあなたは立派なタニラーです！

CHAPTER*5
気持ちを伝える
おもてなしSTYLE

Frame

Painting

Jewel

Bouquet

紅葉する多肉植物は、気温の低下とともに色鮮やかになり、早朝には朝露がおりて
朝日に照らされ、まるで宝石のように輝きます。そんな苗を集めてジュエルボックスのように
仕立てて、キラキラ好きの友人を招いたらどうだろう……、
そんな発想から多肉植物によるおもてなしを考えてみました。

| 24 難易度…★★★

フレームからあふれる
印象派の絵画のように

樹脂製のディスプレイ用フレームを加工して、フランスの画家、クロード・モネの描く「睡蓮」のような色合いで寄せ植えをしました。パッと見には絵画に見えながら、じつは多肉植物の寄せ植え。意外な組み合わせによる楽しい驚きは、おもてなしにもぴったりです。

《材料と道具》

多肉植物／

①アルビカンス hyb

②ウォーターリリー

③ウェスタンブルー

④ボールオブファット（p.96）

⑤花月夜×クリスタル

⑥チワワエンシス yecola ×
　シムランスラグナサンチェス

⑦乙女心×プロリフィカ

⑧オーロラ（p.98）

⑨乙女心（p.98）

⑩ベビーフィンガー

⑪ルペルトリス錦

⑫ファンタジー

⑬白雪ミセバヤ（p.99）

⑭だるま姫秋麗錦

➡ その他の材料・道具は p.64 を参照。

寄せ植え Advice

土は中央が高くなるように整えます。フレームの下のほうは大きめの苗、上に行くに従って小さめの苗を配置していくと、額縁内のバランスがよく見えます。植える前に苗を仮置きしてイメージをつくって下のほうから植えましょう。あえてフレームから、はみでるように植えて動きを出して。寄せ植えの苗が成長することも考慮して、最上部にはファンタジーなどのクラッスラを植えると立体的で奥行きのある仕上がりに。

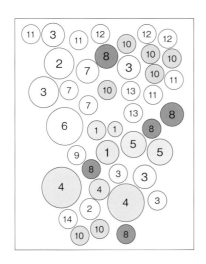

「気持ちを伝えるおもてなしSTYLE」の作り方

浅い鉢で広い面の寄せ植えをするなら、ネルソルを小山のように中心を高く整えて、立体的に仕上げるのがおすすめです。
単調にならないように、おおよそのレイアウトを決めておくのも大切。
そして、大作はとくに長く置きたいので、成長後の変化も考えて植えましょう。

フレームに
鉢底ネットを
つける方法は
p.72 へ

《材料と道具》

多肉植物／アルビカンス hyb、ボール
オブファット、花月夜×クリスタル、
ウォーターリリー、ウェスタンブルー、
チワワエンシス yecola ×シムランス
ラグナサンチェス、乙女心×プロリ
フィカ、ルペルトリス錦、オーロラ、ファ
ンタジー、姫秋麗錦、ベビーフィン
ガー、白雪ミセバヤ、乙女心、ブロウ
メアナ、レッドベリー

斑入りグリーンネックレス、ジョイ
スタロック錦、松の緑×乙女心、だ
るま姫秋麗錦、ブルービーン、マ
ジョール、リトルミッシー

鉢／フレーム（30cm× 24.5cm、高さ
4cm）、鉢底ネット
土／ネルソル
道具／はさみ、土入れ、ピンセット

1 レイアウトを決めます

写真を
撮っておくのも
おすすめ

フレーム内に、メインに
なる大きめの苗を並べ、
おおよその配置を決めて
おく。

2 土を入れます

ネルソルを、中央が高く
なるように、ピンセットの
持ち手部分を使って丘の
ような形に整えます。フ
レームの高い位置にそろ
えるか、枠の深さの1/3
分高くするくらいが目安。

3 手前側の主役から植えます

エケベリアは、
土の表面と同じ向きに
なるように植えていくと、
自然な仕上がりに
なります

植える位置にピンセッ
トで穴をあけ、大きなエ
ケベリア2つを植える。

4 手前側の主役の周りを埋めます

3 の苗の周囲から植える。その他のエケベリア→丸くふっくらした葉の苗と、大きいセダム類→小さいセダム類の順で植えていく。

5 半分強まで埋めます

奥側の主役のエケベリアを植える手前まで、4 と同様に植えていく。

6 奥側の主役を植えます

3つのエケベリアを、バランスを調整しながら植える。

7 奥側の主役の周りを埋めます

4 と同様に植えていく。いちばん奥は上向きに入れる苗のためにあけておく。

8 上へ成長する苗を植えます

いちばん奥に、ファンタジーやルペストリス錦、ベビーフィンガーなど上向きに植えて成長を楽しむ苗を、フレームからはみだすように植える。

9 すき間を埋めます

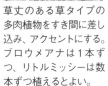

草丈のある草タイプの多肉植物をすき間に差し込み、アクセントにする。ブロウメアナは1本ずつ、リトルミッシーは数本ずつ植えるとよい。

涼やかなウエルカムフレーム

中央にメッセージを入れられるウエルカムフレームを多肉植物で飾ってみました。紅葉が本来の色に戻る時期の多肉植物は、霧がかかったような白っぽいグリーンやブルーに。さわやかな雰囲気をつくり、どんなお客さまにも心地よく感じてもらえることでしょう。

寄せ植え Advice

フレーム自体がシンプルなフォルムなので、多肉植物の高さをそろえすぎず、元の苗の高さを生かしてナチュラルに植え込みましょう。植える順は、基本のとおりに大きい苗から。土にネルソルを使えば固まるので、立てかけて飾ることもできます。

《材料と道具》

多肉植物／

①ロココ

②ラウリンゼ（p.97）

③春霞

④パールビーン（p.94）

⑤スノージェイド

⑥ルンヨニー（p.97）

⑦斑入りグリーンネックレス（p.102）

⑧白雪ミセバヤ（p.99）

⑨斑入りパリダム

⑩ドリームスター

鉢／ウエルカムフレーム（24cm×
18cm、高さ4cm、植え込み幅4cm）

土／鉢底石、ネルソル

道具／はさみ、土入れ、ピンセット

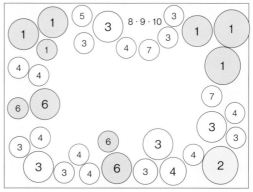

ウエディングは多肉植物で

CHAPTER1〜2でお伝えしたように、穴のな
い器を鉢にして使える寄せ植えの方法を応用
して、ガーデンウエディングであれば周囲の雰
囲気にもぴったり。透明な容器なら、周囲に土
を見せたくないので、スパニッシュモスなどを
周囲に敷くといいでしょう。

26 難易度…★★★

多肉植物を
ジュエルに見立てて

アクセサリーが入っていたような形のボックスにみっちり植え込んだ寄せ植えは、あえて色数を絞って、大人っぽく仕上げました。ホワイト系はパール、グリーンは翡翠、ピンクはローズクオーツと、招いたお客さまの誕生石をイメージして作るのもすてきです。

《共通材料》

鉢／20cm×6.5cm、高さ4cm（Jade、Rose Quartz）

24cm×7cm、高さ3cm（Peal）

土／鉢底石、多肉植物用の土

道具／はさみ、土入れ、ピンセット、霧吹き

Pearl

Pearl 《材料》

多肉植物／

①ブルーサプライズ

②タイニーバーガー

③ヒューミリス

④姫秋麗錦（p.102）

⑤プロリフィカ錦（p.96）

⑥だるま秋麗（p.101）

⑦姫秋麗（p.101）

⑧プロリフィカ　ほか

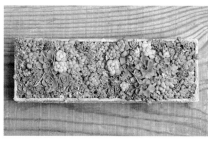

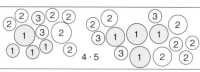

4・5

Jade 《材料》

多肉植物／

①斑入り子持ち蓮華

②グリーンジェム（p.99）

③バブルガム

④斑入りタイトゴメ（p.100）

⑤ブレビフォリウム　ほか

Jade

Rose Quartz

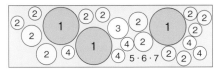

Rose Quartz 《材料》

多肉植物／

①ペイローサ

②だるま姫秋麗

③薄氷

④プロリフィカ

⑤ブレビフォリウム

⑥パープルヘイズ（p.99）

⑦白雪ミセバヤ（p.99）　ほか

ブーケのようなカップ寄せ

カップ形のブリキの鉢に、バラのような縁にフリルのついたエケベリアを、ブーケを束ねるように植えてみました。やさしい色合いの苗を使って大人かわいいイメージに。玄関先やテーブルに、華やかさを呼び込むアレンジです。

ブーケをイメージして、中心が高くなるように植えます。エケベリアのサイズは少しずつ違うものを使ってナチュラルに。また、脚のあるカップだからこそ、垂れるタイプの苗を生かして動きのある雰囲気をつくります。テーブルなどに飾る場合は、どこから見てもきれいに見えるよう、鉢を回したり、違う高さから見たりして、バランスをとりましょう。

《材料と道具》

多肉植物／

①ペイローサ

②フルールブラン

③シムランス

④ヒューミリス

⑤斑入りグリーンネックレス (p.102)

⑥リトルミッシー (p.103)

⑦スプリングワンダー

⑧ブロウメアナ (p.103)

鉢／直径 20cm、高さ 24cm

土／鉢底石、ネルソル

道具／はさみ、土入れ、ピンセット

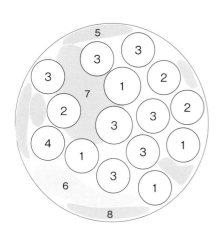

フレームが鉢に変身!

Column-4

「**24** フレームからあふれる印象派の絵画のように」(p.62) で使った、
フレームを鉢に加工する方法を紹介します。
木製や樹脂製のフレームなら応用できるので、ぜひ作ってみてください。

1 フレームについているカバーや背板をはずし、裏にしておく。

2 鉢底ネットをフレームより一回り小さく切り、裏に当てる。

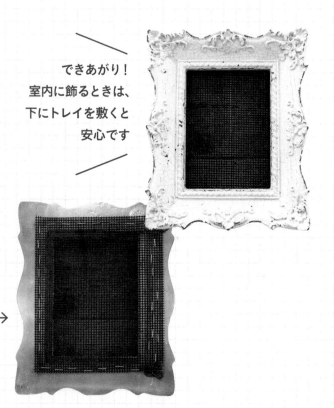

できあがり!
室内に飾るときは、
下にトレイを敷くと
安心です

3 周囲をタッカーでとめる。土や苗の重みがかかるので、細かくとめていくとよい。

CHAPTER*6
バスケットにナチュラル寄せ

素朴なバスケットで、春夏秋冬、四季の移ろいを楽しめる
5種類の寄せ植えを作ってみました。お庭のメインのディスプレイに、
またエントランスでお客さまを迎える寄せ植えとしてもぴったりです。
バスケットの素材感や苗選びにも季節感を感じさせる工夫が満載です。

28 難易度…★★☆

グレイッシュトーンで
静かな冬をイメージ

シックな色合いでありながら、存在感抜群の寄せ植えです。オブジェと組み合わせたり、窓辺のスペースに置いたり、ミニテーブルに飾ったり。バスケットは軽やかな雰囲気で、いろんなシーンに合わせられます。

Winter

寄せ植え
Advice

バスケット、多肉植物ともにグレイッシュトーンでまとめて、洗練された雰囲気に。また、霜で覆われたようにも見え、冬の澄んだ空気を想像させてくれます。メインの苗のパールフォンニュルンベルグはホームセンターなどでも手に入りやすく、育てやすい品種。違う苗を使うのではなくあえて同じ苗を3つ、三角形に配して一方に寄せて植えることで、エレガントに仕上がります。

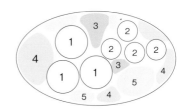

「バスケットにナチュラル寄せ」の作り方

ナチュラルなバスケットを鉢にした寄せ植えのコツと、
多肉植物が自然に生き生きと見えるように配置するコツを紹介します。
高低差をつけてお互いを引き立て合うように寄せていきましょう。

《材料と道具》

多肉植物／
❶ パールフォンニュルンベルグ (p.94)
❷ ロッティ
❸ パープレウム
❹ 白雪ミセバヤ (p.99)
❺ パープルヘイズ (p.99)

鉢／内袋つきバスケット
　　（29cm× 15cm、高さ 12cm）
土／鉢底石、多肉植物用の土
道具／はさみ、土入れ、ピンセット、霧吹き
装飾／スパニッシュモス

1 土を入れます

内袋がない
バスケットの
場合は p.77 へ

バスケットの内袋にハサミで10個ほど排水用の穴をあける。

鉢底石をバスケットの1／3ほど入れてから、土をバスケットの縁いっぱいに入れる。

2 メインの配置を決めます

正面の
向きを決めて、
配置を
考えましょう

パールフォンニュルンベルグとロッティを仮置きして配置を決める。

パールフォンニュルンベルグとロッティを、それぞれポットから出す。パールフォンニュルンベルグは根をほぐして土を落とし、ロッティは周囲の土を落とす程度に。色が変わって傷んでいる下葉があればはずしておく。

③ メインのパールフォンニュルンベルグを植えます

苗の顔を、
決めた正面側に
少し向けても
OK

土に指でくぼみを作ってパールフォンニュルンベルグを置き、根を入れ込んで土を寄せる。

株元に霧吹きの水をかけて湿らせ土を締めて固定させる。これを繰り返して3つの苗を植える。重みで土が沈んだら、土を足す。

パールフォンニュルンベルグを植えた状態。

④ メインのロッティを植えます

パールフォンニュルンベルグが動かないように、手で押さえて

はじめに決めた配置の辺りにくぼみを作り、ロッティを同様に植える。

⑤ 土を足します

土はいつも縁まであるように！

株元に霧吹きで水をかけ、必要に応じて土を足す。

⑥ パープレウムをロッティの手前に植えます

パールフォンニュルンベルグ側を少なくするとバランス◎

パープレウムを株元から引っ張って指で引き抜く。引き抜けなかったらはさみを使ってもよい。

茎に添わせるようにピンセットでつまみ、色のバランスを見ながら挿す。

先に植えた①と②の株元が隠れるように配置。高低差が生まれて動きのある作品に。

⑦ パープレウムを奥に植えます

ポットに残ったパープレウムは、高さを出すため株分け(数本まとめて根ごと分ける)する。

植えやすいように鉢の向きをかえ、パープレウムを指で植え込む。浮いた根はピンセットで土に押し入れる。

パープレウムがパールフォンニュルンベルグの背面から見える高さになるように、バランスを見て調整する。

⑧ すき間を埋めます

白雪ミセバヤは入れる分量を節の部分でちぎり、苗の頭が上に向くようにして、ピンセットで挿していく。

パープルヘイズはポットからピンセットで引き抜き、土が見えるところにピンセットごと挿し、苗の頭を押さえながらピンセットを引き抜く。

ビニールが見えないよう、バスケットの縁にスパニッシュモスをピンセットで入れ込み、完成。

色味は抑えて大人っぽく、立体的で動きのある仕上がりに！

バスケットの選び方

いちばんのおすすめは、金属素材のバスケットに麻袋を敷いたもの。水はけと風通しがよいのが多肉植物の生育に適しています。つぶつぶタイプの苗やエケベリアなどは過湿が大敵なので梅雨時でも病気になりにくいです。逆に草タイプのセダムは水もちをよくするために内部がビニールタイプのものを使うのがおすすめです。

【内袋がない場合】
バスケットの網目のすき間から土がこぼれてしまうのを防ぐ必要があります。ビニールや麻袋、ココヤシファイバー、水ごけや油紙、ワックスペーパーなどを内側に敷いてから土を入れます。ビニールの場合は、穴をあけて内側に敷き、土を入れてから縁で余分なビニールを切るのが簡単な方法です。そのほかの素材なら、あえて縁から見せるように敷くのもいいでしょう。

春の野原の草花を集めた
バスケットのように

Spring

春らしくやさしい色合いの苗を選んでランダムに植えました。まるで春の野原で
可憐に咲く草花を摘んで、バスケットに集めたような仕上がりに。小さい苗だけ
を集めたバスケット、大きめの苗を加えた華やかなバスケット、お好みで作って
みましょう。

29

《材料と道具》

多肉植物／

❶姫秋麗（p.101）

❷パープルヘイズ（p.99）

❸白雪ミセバヤ（p.99）

鉢／バスケット 15.5cm×14.5cm、
　　高さ 11cm

土／鉢底石、多肉植物用の土

道具／はさみ、土入れ、ピンセット、
　　　霧吹き

寄せ植え
Advice

着色されていない素材本来の色のバスケットがおすすめです。
苗は春らしい色を集めましょう。白雪ミセバヤやブロウメアナ
は茎の節で株分けします。それぞれ、群生で入れたり、子株
をつけたまま入れるなど、バランスに変化をつけることで、よ
りナチュラルに仕上がります。

30

《材料と道具》

多肉植物／

①ラウ１６５

②グリムワン

③ペブルス（p.96）

④トリマネンシス hyb

⑤ストロベリーアーモンド

⑥だるま秋麗（p.101）

⑦パステル

⑧ブロウメアナ（p.103）

⑨バブルキャンディ

⑩エンジェルティアーズ

⑪ベビーフィンガー

鉢／バスケット29cm×16cm、高さ12cm

土／鉢底石、多肉植物用の土

道具／はさみ、土入れ、ピンセット、
　　　霧吹き

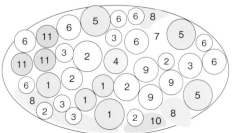

初夏の風を感じるバスケット

31 難易度…★★★

夏が近づくと、ほとんどの多肉植物が夏顔のグリーンに。これらを生かしてさわやかなグリーングラデーションの寄せ植えに仕立ててみました。土の表面はみっちり植えますが、垂れ下がる苗を一方に寄せて植えることで、風を感じる涼やかな雰囲気に仕上がります。

Summer

寄せ植え Advice

高温多湿の夏は、多肉植物にとっては過酷な季節。メッシュのバスケットに麻布を敷いて水はけのよい器にするのがおすすめです。手前の角にグリーンネックレスを、根鉢をくずさずたっぷり使って動きを出しましょう。高さはそろえすぎず、茎のしなりや花芽も生かして。

《材料と道具》

多肉植物／

①グリーンローズ

②春霞

③樹氷

④ロッティ

⑤聖夜つづり

⑥ビアホップ

⑦ブロウメアナ（p.103）

⑧ウィンクレリー

⑨グリーンネックレス

⑩紅稚児

⑪マジョール（p.100）

⑫ペンデンス

鉢／金属素材のバスケット(35cm×20.5cm、高さ18cm)、麻袋

土／鉢底石、多肉植物用の土

道具／はさみ、土入れ、ピンセット、霧吹き

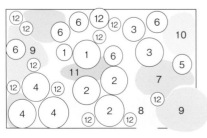

32 難易度…★★☆

Autumn

浅めのトレイタイプのかごに、ベリーのようなつぶつぶ、ツヤツヤの苗、ぷっくりとした肉厚な苗を、すき間なくぎゅっと寄せ植えに。秋の行楽のイメージにぴったりです。

クルミや八角など、木の実といっしょに飾ると秋らしさがアップします。

《材料と道具》

多肉植物／

❶乙女心 (p.98)

❷グリーンジェム (p.99)

❸ベビーフィンガー

❹だるま秋麗 (p.101)

❺オーロラ (p.98)

❻姫秋麗 (p.101)

鉢／バスケット（直径 30cm、高さ 5cm）

土／鉢底石、多肉植物用の土

道具／はさみ、土入れ、ピンセット、霧吹き

寄せ植え Advice

ピンクや赤のベリー系の色の間に、フレッシュグリーンを入れることでより色合いが引き立ちます。目指すはおいしそうなバスケット。大きな面にたくさんの多肉植物をランダムに植えるときは、手前から植えていきます。土が沈まないように、霧吹きと土足しをこまめに行いましょう。

多肉植物で庭作り

多肉植物は屋外で育てるのがベターです。ただ横に並べるだけでは、かわいい多肉植物の魅力が半減してしまいます。せっかくですから多肉植物ですてきな庭を作ってみませんか。

鉢を並べて
フレキシブル多肉植物ガーデン

****
背景はシンプルに

緑や赤、紫などさまざまな色合いをもつ多肉植物ですが、スモーキーな色みのものが多い特徴があります。背景はなるべくすっきりした色合いで統一するとよいでしょう。白やベージュ、こげ茶色なども多肉植物を引き立てます。

****
季節で鉢の配置の
模様がえ

季節によって成長のために場所をかえたほうがいい場合もあります。小さな鉢を並べるだけなら、季節ごとに模様がえをしつつ多肉植物ガーデンを楽しめます。棚や台があると動きのある飾り方ができ、なおかつ管理がしやすくなります。

****
グッズのイメージを
そろえて

ほっとするようなナチュラル系のアンティークグッズ、ワイルドなジャンク系グッズ、北欧風のスタイリッシュなグッズなど、好みでイメージをそろえると、まとまりのある空間が演出でき多肉植物の魅力がアップします。

****
小さな庭や
ベランダガーデンにも

鉢を並べる庭なら、小さなスペースでもOK。それも、レイアウトを簡単にかえることができますから、飽きずに庭を楽しめるでしょう。玄関わきの小さなスペースやベランダガーデンなどに、ぴったりの庭作りです。

多肉植物の庭作りアイディア

****
寄せ植えを点在させる

寄せ植えを庭に点在させると、多肉植物のパステルカラーが庭に散らばってアクセントになります。壁にひっかけたり、椅子の上に置いたりしてみましょう。多肉植物の寄せ植えは、あまり手がかからず長く楽しめるのも利点です。

****
寄せ植えを1カ所にまとめる

単植にした多肉植物を複数種集めて寄せ鉢にして飾ってもいいですが、小さな寄せ植えを集めたコーナーを作ると、より華やかなスペースになります。CHAPTER2「おいしそうな寄せ植え」などのようにテーマに沿った寄せ植えを集めるのも楽しいです。

地植えにして変化をつける

石積み花壇に多肉植物用の土を入れ、アエオニウムやエケベリアを植え込んでいます。そこにアエオニウム・ピンクウィッチの鉢植えを置いて高さを出し、ハートカズラが足元に垂れるように植えて、動きのある演出に。花壇の縁には小さなセダムを植えてすき間を埋めました。

つるして遊び心を表現

クルミの殻に植えた多肉植物を、庭木にぶら下げてみました。軽やかに揺れて、楽し気な雰囲気になります。ほかにも取っ手を鎖にかえたミニバケツを鉢にしてぶら下げるのもおしゃれです。

ハンギングにして目線を動かす

柵や壁などに、ハンギングで目線を動かす演出をするのもよいでしょう。壁にかけられるワイヤーバスケットに小さな鉢を複数入れた寄せ鉢にしたり、寄せ植えにしても。手前には、垂れ下がるタイプの多肉植物を入れると、ワイヤーバスケットが多肉植物と一体化して見えます。

スタイル別コーナー作り

ナチュラルスタイル

ディスプレイ棚

やさしいグリーンの色合いを中心に、淡いピンクや紫の
グラデーションのある多肉植物を集めたナチュラルスタ
イルです。色が似ている分、苗のフォルムや高低差で
リズムをつけました。

POINT

●多肉植物の色合いは、やわらかな印象のものをセ
レクトする。

●茎立ち性の多肉植物と、コンパクトに地面を這う
ように広がる多肉植物を並べることで、同系色で地
味になりがちなコーナーを、より目を引くコーナーに。

●鉢はアースカラーやグレーなどのナチュラルな色
を使い、統一感をもたせる。

●鉢の高さが同じときは、葉のフォルムで違いを際
立たせると自然な雰囲気を損なわずに変化を出せる。

ハンギング

風通しのよいワイヤーバスケットを使って、上下左右
にずらして配置。さらにつり下げタイプの鉢をかけて、
かわいらしいポイントに。ヤシの繊維を敷いたふわふ
わ感もナチュラルスタイルにぴったり。

多肉植物コーナーをおしゃれにまとめるには、2つのスタイルがおすすめです。淡い色を生かしたナチュラルスタイルと、かっこいい雰囲気のジャンクスタイル。同じディスプレイ棚とワイヤーバスケットを使って飾り分けてみました。

ジャンクスタイル

ディスプレイ棚

さびたブリキ缶やリメイクした缶に植え込み、無骨な雑貨と一緒に並べました。小ぶりの苗よりも、成熟した大株や茎立ちして草丈が高くなっているもの、紅葉するとより赤くなるものなどを選ぶと、ジャンクな雰囲気が際立ちます。

POINT

●飾る苗の種類は、葉先がシャープなものや大ぶりな葉形のもの、茎が太く幹のように立ち上がるものがおすすめ。

●紅葉する品種は、気温の低下とともにより深みが増す品種で合わせるとよい。

●多肉植物と古道具の相性は抜群。さびた工具を一緒に飾ると、みずみずしい植物の生命力が際立つ。

●鉢はブリキ製や缶などを使う。経年劣化して自然にさびが浮いてくるといい味になる。新しいブリキ鉢や缶は塩水を塗って放置すると、1週間ほどでさびが浮いてくる。ただし、塩分は多肉植物によくないので、水で洗い流してから植えつけること。

ハンギング

同じワイヤーバスケットでも、インパクトのある多肉植物を植えるとガラリと違う印象に。濃い色の多肉植物と古びた雑貨が互いに引き立て合います。茎がうねったり、広がるように伸びたりなど、暴れるように育つ品種もおすすめです。

多肉植物で作る夢のある箱庭

多肉植物の寄せ植えに、さらに小物を配置してジオラマのような世界観を演出する楽しみもあります。
まるで物語のひとコマのような、自分だけの箱庭を作ってみませんか。
ミニチュアの置物や、アクセサリーのチャームなども活用できます。

一軒家のミニガーデン

家のミニチュアを箱庭の端に置き、家までの小道には化粧石を敷き、
それ以外は庭に仕立てています。P.29のアミューズスプーンのよう
に、間引いたり伸びたりした多肉植物を集めてランダムに植え、自由
に庭を作るのもよいでしょう。

田舎の
かわいい教会

クリスマスの教会の厳かな雰囲気が伝わります。教会とツリーのオブジェを配置して、お祈りに向かう雪の小道は片栗粉を土の上に敷きました。冬の雰囲気が出るように霜がおりたようなスモーキーな色合いの苗を集めています。教会の後ろには濃いめの緑色を配置して、奥行きを出しています。

ヨーロッパの
風車小屋

花畑の丘の上にたたずむ風車小屋をイメージ。コルクでできたミニチュアの風車小屋をメインにして、小道をセダム・ミルキーウェイで、その両わきに黄色やグリーン系の大きめの苗を植えました。風車小屋を置く位置がいちばん高くなるようにネルソルを盛り、その面に沿うように苗を植えていくと、まとまりのある自然な仕上がりになります。

鳥かごのある風景

バスケットを鉢にして、ミニチュアの鳥かごと立水栓のあるシーンを演出。黄色から緑色の苗の中に赤い苗をポイント的に配置していることで、「鳥が飛び出して、赤い実をついばんでいるのかも？」なんていうシーンも想像できます。斑入りグリーンネックレスを縁に植えることで、箱庭の外への広がりを感じさせます。

おしゃれなマーケット

お店の入り口のようなオブジェを置くだけで、いろいろなイメージがかきたてられます。お花屋さん？　パティスリー？　ワインショップ？などなど。小さな看板や、移動販売用のリヤカーまでセットに。

私だけの秘密の森

茎立ちの多肉植物を集めて、小さな森のような雰囲気に仕立てています。少し左に寄せた位置にスペースを作り、ミニチュアの椅子を置いて、「私だけのお気に入りの場所」という雰囲気に。左右には手前から奥へ高さが出るように苗を植えて、奥行きを表現しています。

花ざかりの噴水公園

色とりどりの多肉植物をにぎやかに散らして、モルタル製の鉢で花ざかりの噴水公園をイメージして作りました。真ん中の噴水の周りには小ぶりで色彩を抑えた苗を選んで水辺を表現。アーチゲートを差し込むことで、箱庭らしさがグンとアップします。また、ゲートの反対側に赤を多めに使い、高さを出してあふれるように植えることで、広がりが感じられる雰囲気になりました。

Column-5 | 多肉植物に似合うグッズいろいろ

●アンティーク&ジャンクな雑貨

多肉植物の淡い色は、アンティーク風やジャンク風といった雑貨のテイストとよく合います。雑貨店や古道具店、ノミの市などで探してみるよいでしょう。右下の写真は古いワインラックと電気ストーブ。さびた風合いがすてきで、多肉植物と同じ空間に置くだけでおしゃれな庭が完成します。古びた庭道具や道しるべの看板のオブジェなどもワンポイントに。

●高さの出せるもの

多肉植物は大きく育てて楽しむより、小さいサイズでレイアウトをかえたり寄せ植えをしたりして楽しむ人が多いでしょう。すると、ラックや台などの上に置いて飾るほうが目線に入りやすく、愛おしさも強まり、管理もしやすくなるといいことづくめ。写真はアンティークのディスプレイ用ラックです。

●木の実と石

敷石は、マットな質感で多肉植物との相性がよく、土で汚れてもいい味わいが出る素材を選びました。間に敷き詰めたのは砂利ではなくクルミの殻です。ウッドチップなどもおすすめです。

寄せ植えによく登場する、色合いの美しい品種を集めました。寄せ植えでの使い方や管理ポイントも紹介しています。

＊多肉植物の名称については、仕入れ時のものを掲載しています。

エケベリア

こころ
ベンケイソウ科エケベリア属

生育期…春・秋
耐寒性…やや強い
耐暑性…やや弱い
水やり頻度…普通
置き場所…軒下
紅葉…全体的に白っぽくなる

●ブルーグレーにバラのようなロゼットが美しいエケベリア。高温多湿にやや弱いため、夏は置き場所に注意する。エケベリアのローラと同じものともいわれているが、こころのほうが葉の幅が若干狭く、爪が際立つものが流通している。紅葉すると白さが増す。

サブセシリス
ベンケイソウ科エケベリア属

生育期…春・秋
耐寒性…やや弱い
耐暑性…普通
水やり頻度…普通
置き場所…軒下
紅葉…しない

●美しいロゼットで大きく育つので、大きめの寄せ植えに。シルバーブルーの葉が特徴で、夏にオレンジ色の花を咲かせる。斑入りのサブセシリスが**モーニングライト**、**サブセシリス錦**として流通しているが、こちらはさらに暑さ寒さに注意。コナカイガラムシがつきやすいので、植えかえ時には殺虫殺菌剤の散布を忘れずに。

シャビアナ
ベンケイソウ科エケベリア属

生育期…春・秋
耐寒性…やや弱い
耐暑性…弱い
水やり頻度…多い
置き場所…軒下
紅葉…全体的に濃い紫になる

●薄い葉のフリルがすてきなエケベリア。葉が薄いため、水ぎれすると外葉からどんどん枯れていくことも。夏の蒸れを気にするあまり、水ぎれしたまま日差しに当てると葉やけしやすいので注意を。

メインに

ジロ
ベンケイソウ科エケベリア属

生育期…春・秋
耐寒性…普通
耐暑性…普通
水やり頻度…少ない
置き場所…軒下
紅葉…全体的に淡いピンクになる

●フリルのついた小さな葉が密集したロゼットが美しいエケベリア。コロンとした姿は可憐で小さな寄せ植えのメインにおすすめの品種。一年を通じて白っぽい色をしているが、気温の低下とともにほんのりとピンクに染まる。

エケベリア

ストロベリーアイス
ベンケイソウ科エケベリア属

生育期…春・秋
耐寒性…普通
耐暑性…普通
水やり頻度…普通
置き場所…軒下
紅葉…縁のピンクが濃くなる

●葉のエッジがピンクになるかわいらしいエケベリア。よく似た**花月夜（かげつや）**より幅広の葉が特徴で、小型で丸みのあるフォルムが人気。気温の低下とともに全体的にピンクになり、葉の縁はより赤みを増す。群生して増やしやすく、価格も手ごろなため、初心者にもおすすめ。

スイレン
ベンケイソウ科エケベリア属

生育期…春・秋
耐寒性…強い
耐暑性…やや強い
水やり頻度…普通
置き場所…軒下
紅葉…縁のピンクが濃くなる

●肉厚の水色の葉の縁が一年を通じてピンクにほんのり染まる、かわいらしいエケベリア。透明感がありつつ、華やかさもあるので主役にもおすすめの苗。

メインに

パールビーン
ベンケイソウ科エケベリア属

生育期…春・秋
耐寒性…やや弱い
耐暑性…やや弱い
水やり頻度…普通
置き場所…軒下
紅葉…全体的にピンクになる

●韓国産の苗で、中国から入ってきた同じ品種を**萌豆（もえまめ）**と呼ぶ。あずき色の葉の縁がポイントとなる品種。群生で増え、バスケットやナチュラルな素材感の鉢には、ボリュームに差をつけて、株分けして使うとよりナチュラルに。

パールフォン
ニュルンベルグ
ベンケイソウ科エケベリア属

生育期…春・秋
耐寒性…やや強い
耐暑性…普通
水やり頻度…少ない
置き場所…屋外（地植え OK）
紅葉…中心にいくほど濃いピンクになる

●青みがかったピンクパープルが美しく、薄い葉が幾重にも重なるロゼットが特徴的なエケベリア。紅葉するとさらにピンクが強くなる。中心から外に向かって色合いが微妙に変化しているのもこの苗の特徴。

ファラックス静月<ruby>静月<rt>せいげつ</rt></ruby>
ベンケイソウ科エケベリア属

生育期…春・秋
耐寒性…普通
耐暑性…かなり弱い
水やり頻度…やや少ない
置き場所…軒下
紅葉…全体的に白っぽくなる

●透明感のある青白い花のよう。秋冬はさらに白く、花をイメージした寄せ植えの主役におすすめ。土がぬれっぱなしだと徒長しやすく葉が開き気味となるので、水やりのタイミングに気をつけて、水はけをよくするとよい。

メインに

初心者にも

ピオリス
ベンケイソウ科エケベリア属

生育期…春・秋
耐寒性…強い
耐暑性…やや強い
水やり頻度…やや少ない
置き場所…屋外
紅葉…縁がより赤くなる

●一年を通じてパープルの葉が美しいエケベリア。紫の葉色のエケベリアとしては肉厚で、初心者でも育てやすい。別名**フィオナ**。紅葉すると白さをまとい、葉の葉の縁が赤く染まる。葉が長めで肉厚なので、小さいセダムと一緒に植えるより、肉厚のつぶつぶ系の多肉植物との寄せ植えとの相性がいい。葉挿しでもよく増え、育てやすい。同じような色のエケベリアには、**メキシカンスノーボール**、**スノーバニー**、**タイニーバーガー**などがある。

ブルーバード
ベンケイソウ科エケベリア属

生育期…春・秋
耐寒性…普通
耐暑性…普通
水やり頻度…やや少ない
置き場所…軒下
紅葉…縁のみ濃いピンクになる

●全体的に青みを帯びた白い葉が美しいエケベリア。葉先はとがってほんのりとピンクがかってやさしい印象。水やりしたあとに土がぬれっぱなしになっていると、下の葉がスカートのように下向きになるので注意する。

ブルーサプライズ
ベンケイソウ科エケベリア属

生育期…春・秋
耐寒性…普通
耐暑性…普通
水やり頻度…普通
置き場所…軒下
紅葉…紫がかったピンクになる

●韓国産の苗でピンク〜淡い水色のなんともいえないグラデーションが美しい。紅葉すると紫がかったピンクに変化する。幅広い葉のロゼットが中心部で丸くなっている様子が、花開きつつあるつぼみのように見える普及種。

エケベリア

プロリフィカ錦(にしき)
ベンケイソウ科エケベリア属

生育期…春・秋
耐寒性…やや弱い
耐暑性…弱い
水やり頻度…普通
置き場所…軒下
紅葉…全体的に淡いピンクになる

●プロリフィカ錦は、以前はセダムとして流通していたが、数年前からエケベリアのプロリフィカとして流通するように。別名、プロリフェラ。白覆輪が美しく、旺盛に子株を吹いて群生する。葉挿しにすると先祖返りしてしまうので注意する。白とブルーグレーのグラデーションが魅力的で、寄せ植えに透明感をプラスしてくれる苗。

ペブルス
ベンケイソウ科グラプトベリア属

生育期…春・秋
耐寒性…普通
耐暑性…強い
水やり頻度…普通
置き場所…日当たりのよい屋外
紅葉…全体的に淡いピンクになる

●グレイッシュなピンクの肉厚な葉が密にロゼットを作る。気温の低下とともに、ごく細かいラメの入ったピンクに。茎立ちし、株元には旺盛に子株を吹く。韓国産でエケベリアとして流通している。

ボールオブファット
ベンケイソウ科エケベリア属

生育期…春・秋
耐寒性…やや弱い
耐暑性…やや弱い
水やり頻度…普通
置き場所…軒下
紅葉…縁のみ淡いピンクになる

●近年流通している韓国から輸入されているエケベリア。淡いシャーベットカラーのグリーンの葉色が特徴で、子株を旺盛につける。増やし方は葉挿しより、株分けがおすすめ。この葉色の多肉植物は凍結すると組織が壊れやすいので注意。

メインに

マリア
ベンケイソウ科エケベリア属

生育期…春・秋
耐寒性…やや弱い
耐暑性…普通
水やり頻度…普通
置き場所…軒下
紅葉…葉の縁のみ濃いピンクになる

●ピンクのやわらかな葉先が華やかな、小型の人気品種。紅葉するとさらに縁が色づき、寄せ植えの主役にぴったり。同じ名前でエケベリアに**アガボイデス**の交配種があるが、こちらはシャープでまったく見た目が違うので注意する。

初心者にも

ラウリンゼ
ベンケイソウ科エケベリア属

生育期…春・秋
耐寒性…やや強い
耐暑性…やや強い
水やり頻度…普通
置き場所…軒下
紅葉…全体的に淡いピンクになる

●白い粉をまとったような質感、ふっくらした肉厚の葉がロゼットを作る人気の品種。手に入りやすく、初心者にも育てやすい品種。紅葉するとほんのり桜色に染まる、花のような寄せ植えにぴったりの品種。

メインに

メランコリー
ベンケイソウ科エケベリア属

生育期…春・秋
耐寒性…やや強い
耐暑性…普通
水やり頻度…普通
置き場所…軒下
紅葉…葉の縁のピンクが濃くなる

●葉と葉先が同じ色で、全体的なフォルムが上品で、まさに花のようなエケベリア！　似たような印象の品種に、エケベリアの**ローラ**、**こころ**、**リラシナ**などがある。どの苗も育てやすいが夏の多湿に弱く、コナカイガラムシもつきやすいので風通しに気をつけて。

ルンヨニー
ベンケイソウ科エケベリア属

生育期…春・秋
耐寒性…やや強い
耐暑性…やや強い
水やり頻度…普通
置き場所…軒下
紅葉…しない

●夏はブルーグレーの葉が気温の低下とともに白さが増す。丸みのあるロゼットが寄せ植えに使いやすい。成長とともに葉数が増える。ホームセンターなどでも手に入りやすい普及種。

ラウィ
ベンケイソウ科エケベリア属

生育期…春・秋
耐寒性…弱い
耐暑性…やや弱い
水やり頻度…少ない
置き場所…軒下
紅葉…全体的に淡いピンクになる

●普段は軒下でいいが、寒波などにより最低気温がマイナス3度を下回るときは、室内に取り込む。白い粉に厚く覆われた姿が美しい。この粉は触れるととれてしまうので、葉の上部はさわらずに株元を持って寄せ植えや、植えかえなどを行うとよい。

セダム

アクレアウレウム
ベンケイソウ科セダム属

生育期…春・秋
耐寒性…普通
耐暑性…やや弱い
水やり頻度…多い
置き場所…屋外（地植えOK）
紅葉…しない

●地植えにもおすすめのセダムだが、雨降り後などのぬれたあとの高温による蒸れに注意。梅雨前に株元をすかして、風通しをよくするのがおすすめ。

オーロラ
ベンケイソウ科セダム属

生育期…春・秋
耐寒性…やや弱い
耐暑性…やや弱い
水やり頻度…やや多い
置き場所…軒下
紅葉…全体的に赤くなる

●虹の玉の斑入り品種。突き出した葉の形がなんともかわいく、寄せ植えに大人気。強い日差しによる葉先のやけに注意。葉挿しでは増やせないので、茎をカットして挿す。寄せ植えの主役に添えて華やかに。

名わき役に

名わき役に

クリームソーダ
ベンケイソウ科セダム属

生育期…春・秋
耐寒性…普通
耐暑性…普通
水やり頻度…多い
置き場所…屋外（地植えOK）
紅葉…部分的に薄いピンクになる

●淡いライムグリーンの細かい葉に、ところどころ黄色の斑が入った品種。主役の苗を引き立てる名わき役のセダム。土に挿す部分の下葉はとらずに、なるべく茎を長くとるようにすることで、寄せ植えが長もちする。

乙女心
おとめごころ
ベンケイソウ科セダム属

生育期…春・秋
耐寒性…やや弱い
耐暑性…普通
水やり頻度…やや多い
置き場所…軒下
紅葉…葉先が赤くなる

●下葉を落としながら茎立ちする品種。まるで乙女が頬を染めるように葉先が赤くなる。葉挿しでは増やせないので、穂先をカットして挿し芽で増やす。かわいらしいフォルムが箱庭や、背の高さを生かした寄せ植えの主役に。

メインに

クリーム玉蛋白
たまたんぱく
ベンケイソウ科セダム属

生育期…春・秋
耐寒性…普通
耐暑性…弱い
水やり頻度…多い
置き場所…軒下
紅葉…部分的に淡いピンクになる

●玉蛋白の斑入り品種。葉がとても落ちやすく、葉の部分に触れたり、揺らしたりすると簡単に葉が落ちる。寄せ植え上級者向けの品種。寄せ植えに使うときは、水やりを控えて少しでも葉が落ちにくくしてからにする。

白雪ミセバヤ
ベンケイソウ科セダム属

生育期…春・秋
耐寒性…強い
耐暑性…弱い
水やり頻度…普通
置き場所…軒下
紅葉…全体的に紫になる

●寒冷地でも屋外で越冬する寒さに強い品種だが、高温多湿には弱い。コナカイガラムシがつきやすく、葉色で目立たないので注意。小さなバラのような姿の人気品種。

メインに

グリーンジェム
ベンケイソウ科セダム属

生育期…春・秋
耐寒性…やや強い
耐暑性…やや強い
水やり頻度…やや多い
置き場所…屋外
紅葉…葉先がややオレンジ色になる

●丸い葉の形が特徴的。茎立ちしながら上に向かって育つ。カットするとわき芽を吹き、群生する。つぶつぶした苗だけで作る寄せ植えの主役におすすめの品種。紅葉すると葉先がややオレンジ色になり、よりやわらかな印象に。

ダシフィルム
ベンケイソウ科セダム属

生育期…春・秋
耐寒性…普通
耐暑性…やや強い
水やり頻度…やや多い
置き場所…屋外（地植え OK）
紅葉…部分的にピンクになる

●グレーのごく小さな葉が、塔を積み重ねるように連なる。葉が落ちにくいので寄せ植えに使いやすい。地植えにもおすすめの品種。梅雨前に株元を整理して風通しをよくして夏越しを。

スアベオレンス
ベンケイソウ科セダム属

生育期…春・秋
耐寒性…やや弱い
耐暑性…やや強い
水やり頻度…やや多い
置き場所…軒下
紅葉…全体的に淡いピンクになる

●エケベリアのように見えるロゼットが美しいセダム。5月に白い花を咲かせる。紅葉すると桜色に染まり、まさに桜の花のような寄せ植えにおすすめ。冬の凍結に加え、コナカイガラムシがつきやすいので気をつける。

パープルヘイズ
ベンケイソウ科セダム属

生育期…春・秋
耐寒性…普通
耐暑性…普通
水やり頻度…やや多い
置き場所…屋外（地植え OK）
紅葉…部分的に紫になる

●紫〜ブルーグリーンのグラデーションが美しい、寄せ植えに大人気の品種。葉が落ちやすいのでピンセットでやさしく植え込む。寄せ植えに使う前には水やりを控えて少しでも葉を落ちにくくする。落ちた葉は葉挿し用に。

セダム

斑入りタイトゴメ
<ruby>斑<rt>ふ</rt></ruby><ruby>入<rt>い</rt></ruby>り
ベンケイソウ科セダム属

生育期…春・秋
耐寒性…弱い
耐暑性…弱い
水やり頻度…やや少ない
置き場所…屋外
紅葉…斑の部分が黄色〜オレンジ色になる

●冬は凍結に注意し、初夏〜初秋は、遮光し風通しのよいところに。斑入りタイトゴメは、夏は斑が薄くなり、**タイトゴメ**とあまり区別がつかない。冬季は斑の部分が黄色〜淡いオレンジ色になり、寄せ植えのアクセントにおすすめ。

名わき役に

初心者にも

ペレスデラロサエ
ベンケイソウ科セダム属

生育期…春・秋
耐寒性…普通
耐暑性…普通
水やり頻度…普通
置き場所…軒下
紅葉…葉先が薄いピンクになる

●小型のロゼット状に増えるセダムで、上に成長する。青みがかった灰色の葉色が美しく、気温の低下とともに白さが増す。夏でも縁のピンクが残る。ロゼットが小さく、葉も落ちにくくて、寄せ植えにしやすいので初心者にもおすすめ。

初心者にも

ミルキーウェイ
ベンケイソウ科セダム属

生育期…春・秋
耐寒性…やや弱い
耐暑性…弱い
水やり頻度…やや多い
置き場所…屋外（地植えOK）
紅葉…全体的に淡いピンクになる

●通常はライムグリーンの葉色が、紅葉することでミルキーなピンクに染まる。葉が落ちにくく、ピンセットで縦に挟んで、寄せ植えの仕上げに土が見えているところをカバーするのに使いやすい。夏の蒸れに注意する。

マジョール
ベンケイソウ科セダム属

生育期…春・秋
耐寒性…普通
耐暑性…普通
水やり頻度…普通
置き場所…軒下
紅葉…葉が濃い紫になる

●細かいブルーグリーンの葉色が寄せ植えに使いやすい。紅葉すると葉が紫がかり、さらに美しくなる。暑さ寒さにもある程度強く、初心者にも育てやすく、かつ葉が落ちにくいため、とても寄せ植えに使いやすいおすすめの品種。

名わき役に

レッドベリー
ベンケイソウ科セダム属

生育期…春・秋
耐寒性…やや弱い
耐暑性…普通
水やり頻度…やや多い
置き場所…軒下
紅葉…全体的に赤くなる

●小さな赤い粒状の葉が密集し、まさにベリーのような印象。紅葉すると真っ赤になり、みずみずしく変化する。水をやや好むが、蒸れには注意。夏場は風通しをよくしておく。コナカイガラムシがつきやすいので気をつける。

その他

子持ち蓮華
ベンケイソウ科オロスタキス属

生育期…春・秋
耐寒性…やや強い
耐暑性…弱い
水やり頻度…多い
置き場所…屋外の明るい半日陰
紅葉…しない

●北海道に自生。夏は日差しを避け、風通しのよいところに。真夏と厳寒期は水やりを控えて、乾かし気味に育てる。春先にぎゅっと縮こまっていた苗がほころぶように開く姿が、小さなバラのような愛らしい品種。

名わき役に

だるま秋麗
ベンケイソウ科グラプトペタルム属

生育期…春・秋
耐寒性…やや強い
耐暑性…やや弱い
水やり頻度…やや少ない
置き場所…軒下
紅葉…薄いピンクになる

●葉挿しでよく増える。アンティークカラーのグレーの葉も、紅葉時の桜色の葉もどちらも主役をうまく引き立てる、寄せ植えに欠かせない品種。過湿で灰色かび病になりやすく葉にしみができるので風通しに注意。

名わき役に

パキフィルム
ベンケイソウ科グラプトペタルム属

生育期…春・秋
耐寒性…やや弱い
耐暑性…やや弱い
水やり頻度…普通
置き場所…軒下
紅葉…葉先が濃いオレンジ色になる

●ぷっくりとした小さな葉がかわいらしく、紅葉すると葉のやわらかな先端が濃いオレンジ色になりアクセントになる品種。葉挿し、挿し穂ともに増えやすく、人気の普及種。セダムのグリーンジェムより二回りほど小さい。

名わき役に

姫秋麗
ベンケイソウ科グラプトペタルム属

生育期…春・秋
耐寒性…強い
耐暑性…強い
水やり頻度…普通
置き場所…屋外
紅葉…全体的に淡いピンクになる

●通常は緑がかった桜色が紅葉すると、ラメが入ったような美しい桜色に変化する。丈夫で非常に増えやすい。葉が落ちやすいので植えるときはピンセットでやさしく扱う。寄せ植えにする前には水やりを控えておくとよい。

名わき役に

斑入り グリーンネックレス
（ふ い）
キク科セネキオ属

生育期…春・秋
耐寒性…やや弱い
耐暑性…弱い
水やり頻度…多い
置き場所…明るい日陰
紅葉…白の部分がピンクになる

●寄せ植えの動きを出すのに大活躍の苗。流れを生かせる場所に植えて。土の中で根が動くと根づきにくいのでしっかり土に挿す。斑入り種は冬に白の部分がピンクに染まる。夏は白い部分が変色しやすいので日陰で管理する。

姫秋麗錦
（ひめしゅうれいにしき）
ベンケイソウ科グラプトペタルム属

生育期…春・秋
耐寒性…やや弱い
耐暑性…弱い
水やり頻度…普通
置き場所…明るい日陰
紅葉…クリーム色の部分がピンクになる

●やさしいピンクの斑入りの姫秋麗で、ペールグレーからペールグリーンのラインが中央に入り、外側がクリーム色の淡い品種。紅葉するとクリーム色の部分がピンクに染まる。葉が落ちやすいのでやさしく取り扱いを。

ブラックベリー
ベンケイソウ科グラプトペタルム属

生育期…春・秋
耐寒性…やや弱い
耐暑性…やや弱い
水やり頻度…普通
置き場所…軒下
紅葉…淡い藤色になる

●白い粉をまとったブルーの葉が、紅葉すると淡い藤色に染まる。やわらかく黒い葉先が寄せ植えのアクセントとなり、大人っぽい仕上がりに。似た品種に**ブルービーン**があるが、葉先の色合いで区別する。

ブルービーン
ベンケイソウ科グラプトペタルム属

生育期…春・秋
耐寒性…やや弱い
耐暑性…やや弱い
水やり頻度…普通
置き場所…軒下
紅葉…白っぽいブルーグレーになる

●長めの葉を密にロゼットを作る、白い粉をまとったブルーグレーの色合いが美しい。アンティークカラーの寄せ植えの主役を引き立てるのに欠かせない品種。夏の高温多湿に弱いので遮光して風通しのよいところで管理する。

ブロウメアナ
ベンケイソウ科クラッスラ属

生育期…春・秋
耐寒性…弱い
耐暑性…やや強い
水やり頻度…多い
置き場所…屋外
紅葉…しない

●紫色の茎にマスカットのようにふくらんだ小さな葉がつく品種。白い小花が一年を通じて咲く。とくに寒さに弱いので、夜間は凍結をしないように室内に取り込んで。挿し芽で簡単に増やせる。

メインに

マーガレットレッピン
ベンケイソウ科グラプトベリア属

生育期…春・秋
耐寒性…普通
耐暑性…普通
水やり頻度…普通
置き場所…屋外
紅葉…外葉が淡いオレンジ色になる

●とても増えやすく、群生する。成熟してくると葉数がさらに増えて、より美しくなる。群生を生かしてリースにしたり、寄せ植えの主役に。長雨後の蒸れで葉がバラバラになりやすいので、風通しと長雨に当てないように注意する。

リトルミッシー
ベンケイソウ科クラッスラ属

生育期…春・秋
耐寒性…やや弱い
耐暑性…やや弱い
水やり頻度…やや多い
置き場所…軒下
紅葉…縁がピンクになる

名わき役に

●小さなリボンの縁取りがピンクで、繊細な葉姿が人気。茎が細く、寄せ植えの仕上げに使ったり、土が見えるところにピンセットでプラスしてカバーしたり、高さのバランスをとったり、オールマイティーな品種。凍結に注意。

p.86〜87で紹介した、多肉植物で作りやすいスタイル「ナチュラル」と「ジャンク」におすすめの品種を紹介します。どれも存在感があり、基本的には単植にして楽しみます。

Natural Style
ナチュラルスタイル

オウンスロー
ベンケイソウ科エケベリア属

生育期…春・秋
耐寒性…やや弱い
耐暑性…やや強い
水やり頻度…普通
置き場所…軒下
紅葉…外葉が淡いイエローになる

●夏はライムグリーンのロゼットが美しいエケベリア。寒さと日光によく当てるとやわらかなイエローに変化する。葉数が多く華やかで、寄せ植えの主役にも。流通量が多く入手しやすい苗。葉も落ちにくいので寄せ植えしやすい。

七福神
しちふくじん
ベンケイソウ科エケベリア属

生育期…春・秋
耐寒性…やや強い
耐暑性…やや強い
水やり頻度…多い
置き場所…屋外
紅葉…葉の外側のみ淡いオレンジ色になる

●古くから日本で流通するエケベリアで、バラのような葉姿が美しい。根元から子株をたくさん吹き、群生する。若い株は軒下に、成熟したら屋外で雨ざらしにしても問題はない。蒸れやすいので風通しを確保する。

月の光
つき　ひかり
ベンケイソウ科カランコエ属

生育期…夏
耐寒性…弱い
耐暑性…強い
水やり頻度…普通
置き場所…軒下
紅葉…全体的に淡い紫になる

●別名、月兎耳錦（つきとじにしき）。白いやわらかな毛に覆われたウサギの長い耳のような葉が特徴。暑さに強いが、夏はコナカイガラムシが発生しやすいので蒸れには注意する。冬は夜間に凍結しないように、寒風をしのげるところに置く。

スイートキャンディ
ベンケイソウ科パキベリア属

生育期…春・秋
耐寒性…やや弱い
耐暑性…やや弱い
水やり…少ない
置き場所…軒下
紅葉…葉先が濃いピンクになる

●ぷっくりとした肉厚の葉。紅葉すると葉先がピンクに染まる。茎立ちして背が高くなるため、大きめの箱庭に使うのに最適な多肉植物。また盆栽のように茎立ちしたフォルムを楽しんでもよい。

美空の鉾
<small>み そら ほこ</small>

キク科セネキオ属

生育期…春・秋
耐寒性…やや弱い
耐暑性…強い
水やり頻度…多い
置き場所…屋外（地植え OK）
紅葉…しない

●水を好み、茎立ちしながら上に成長する。一年を通じて淡いライムグリーンの葉で透明感があって美しい。大型種のため地植えや単植でフォルムを楽しむ。やわらかい色合いなので、草花のナチュラルガーデンにも自然になじむ。

スノージェイド

ベンケイソウ科セデベリア属

生育期…春・秋
耐寒性…弱い
耐暑性…普通
水やり頻度…普通
置き場所…屋外
紅葉…葉先がオレンジ色になる

●挿し芽で増やせて、下葉を落としながら上に成長する。茎立ちタイプで箱庭にもおすすめ。葉先がシャープで、紅葉すると白の葉先がほんのりオレンジ色に染まる株元から子株を旺盛に吹く。夏は強い日差しを避け、冬季は夜間凍結に注意。

青鎖竜錦
<small>せい さ りゅうにしき</small>

ベンケイソウ科クラッスラ属

生育期…春・秋
耐寒性…弱い
耐暑性…強い
水やり頻度…多い
置き場所…屋外
紅葉…葉先が淡いピンクになる

●別名、**ムスコーサ錦**。暑さに強いので、日当たりと風通しのよい場所に置く。反対に、寒さに弱いので夜間の低温に注意する。寒さに当てると葉先が淡いピンクに染まる。

ペアルソニー

メセン科コノフィツム属

生育期…冬
耐寒性…普通
耐暑性…やや弱い
水やり頻度…普通
置き場所…軒下
紅葉…しない

●一年を通じてやさしいグリーンの色。開花期は9月～翌年1月で、葉の直径より大きな花を咲かせる。夏は半日陰でできるだけ涼しく管理する。同じ冬型のメセン類と寄せ植えするか、単植にしてフォルムを楽しんでも。

パープルシャンペン
ベンケイソウ科エケベリア属

生育期…春・秋
耐寒性…強い
耐暑性…強い
水やり頻度…少ない
置き場所…軒下
紅葉…全体的に紫になる

●エケベリアの代表的な**アガボイデス**の交配品種で、紅葉したシックな紫色の葉がエレガント。大型になるので、大きなコンテナなどのダイナミックな寄せ植えにおすすめ。硬葉はハダニが好むので、ときおり葉水を与えて春先に薬剤散布などを行うとよい。暑さ寒さにも強い。

トップスプレンダー
ベンケイソウ科エケベリア属

生育期…春・秋
耐寒性…普通
耐暑性…普通
水やり頻度…少ない
置き場所…軒下
紅葉…しない

●別名、**トップシータービー**。一年を通じてあまり色の変化がなく、葉形がカーネーションのようにも見える品種。葉先がハート形に見えるフォルムも特徴的。

ピンクピース
ベンケイソウ科エケベリア属

生育期…春・秋
耐寒性…やや強い
耐暑性…普通
水やり頻度…少ない
置き場所…軒下
紅葉…縁が鮮やかな赤になる

●エッジの赤と幅広の葉のクリームがかったオレンジ色の対比が美しい交配エケベリア。葉がかたく大きくなるので、大きな寄せ植え向き、もしくは単体で植えてフォルムを楽しむ。ジャンクスタイルには硬葉の品種がおすすめ。

高砂の翁 たかさご　おきな
ベンケイソウ科エケベリア属

生育期…春・秋
耐寒性…やや強い
耐暑性…やや強い
水やり頻度…多い
置き場所…屋外（地植えOK）
紅葉…全体的に赤くなる

●寒さで赤紫色に染まるフリルの葉が美しい大型の品種。葉は縁に近づくほど色が濃くなる。成長が早いため、秋と春に植えかえをするとよい。強健なので、日当たりのよい屋外や地植えにも向く。

マルニエルラポストレイ
ブロメリア科（パイナップル科）ディッキア属

生育期…夏
耐寒性…強い
耐暑性…強い
水やり頻度…少ない
置き場所…屋外
紅葉…しない

●放射状に伸びる硬葉が特徴のディッキア。形が非常にシャープなため、色はホワイトを選ぶと、ほかの多肉植物と組み合わせやすい。乾燥に強く、乾かしぎみに育てる。

フミリス
ツルボラン科アロエ属

生育期…春・秋
耐寒性…弱い
耐暑性…やや弱い
水やり頻度…少ない
置き場所…軒下
紅葉…しない

●触れてもあまり痛くないトゲなのでご安心を。さわやかな白いトゲの葉が意外にも他の多肉植物と調和する。単植にすると存在感大。高温多湿に弱く、夏は腐りやすいので遮光するか涼しいところで管理する。

斑入りマミラリス
トウダイグサ科ユーフォルビア属

生育期…春・秋
耐寒性…弱い
耐暑性…強い
水やり頻度…少ない
置き場所…屋外（地植え OK）
紅葉…しない

●サボテンのように見えるがサボテンではなく、トゲの部分もやわらかい。花冠のように花が咲くのも魅力。水やりは、月に1、2回根を湿らす程度で、気温が下がり始めたら断水気味に。地植えにしてジャンクガーデンで楽しんでも。

レティジアマジックゴールド
ベンケイソウ科セデベリア属

生育期…春・秋
耐寒性…弱い
耐暑性…普通
水やり頻度…普通
置き場所…屋外
紅葉…全体的に赤くなる

●冬に紅葉して鮮やかな赤に染まるが、中心部分に明るい黄色が残り、外の葉と中心のコントラストが美しい。日当たりのよい屋外での管理が向くが、冬季夜間の凍結に注意する。

多肉植物 Q&A

Q1 毎年、植えかえをしなければならないのでしょうか?

A 多肉植物は草花苗とは違い成長がゆっくりですから、毎年植えかえる必要はありません。
下の表を参考に手入れをしてください。

植えかえが必要な場合	植えかえのポイント
調子をくずしている株	根に虫がいたり、病気だったりすることがあるので、根鉢はあまりくずさずに、まずは株の状態を確認します。不要なものは除去しながら植えかえましょう。水やりしても苗がふっくらしてこない場合には、根の状態が悪いことや、土の粒がつぶれて粘土質になってしまって水はけが悪くなり、鉢の環境が悪くなっていることも考えられます。苗をよく観察して何かおかしいなと思ったら一度鉢から取り出し、植えかえてみるのがおすすめです。
苗のサイズに鉢のサイズが合っていない株	苗に対して鉢が小さすぎて外葉が鉢の縁に当たってしまっている場合と、厳しい季節で調子をくずしてしまった、もしくはうまく水やりができずに小さくなってしまったなどの株に対して鉢が大きすぎる場合があります。前者は植えかえの判断をする方が多いのですが、後者は植えかえずそのままにしておき様子を見ます。株に対して鉢が大きすぎると、水やり後の土が乾きにくく鉢の中の環境が悪くなります。鉢は多肉植物にとっての住まいです。その苗のサイズに合わせた住まいを整えてあげると、苗は健やかに育ってくれます。
大きく育てたい・増やしたい株	生育始めの時期に植えかえを行い、新しい環境でしっかり根が張れるようにします。そして、その後にくる厳しい季節を過ごせるようにしてやりましょう。

Q2 作った寄せ植えをプレゼントにしたいのですが、注意点はありますか?

A 運ぶときに傾けると土がこぼれてしまいやすい多肉植物用の土で作ったものより、固まる土のネルソルで作ったもののほうが安心です。透明の袋でラッピングすれば、中身を説明するまでもなく植物とわかってもらえます。できれば使った苗の名前や管理の仕方を書いた紙をカードにして添えると親切だと思います。たくさんプレゼントして、多肉植物愛好者を多肉植物のように増やしたいですね。

Q3
寄せ植えした鉢の一部の苗が枯れてしまいました。
元気な子もいるので、捨てるには
忍びないです。どうすればよいでしょうか？

A 枯れた苗だけを抜き取り、整理して新しい苗を追加すれば、
新しい寄せ植えを作ることができます。

まだら枯れ

取り除いた状態

仕立て直し後

① 枯れた葉や、しみがあるなど傷んだ葉
や苗を取り除く。

② 残っている苗に合わせて、追加する苗
を用意。

整理した状態

③ まばらになっている苗を、どちらかに
寄せて植え直す。

④ できたスペースに霧吹きで水をかけ、浮いた土を押さえる。
必要に応じて多肉植物用の土を足す。

⑤ できたスペースに追加する苗を、p.36〜37と同様に植
えていく。

多肉スタイリング協会

多肉スタイリング協会とは？

多肉スタイリング協会は、2020年8月に設立されました。多肉植物の特性を知り、アレンジメント、ディスプレイを含めた全体をスタイリングする方法を学びます。多肉植物や寄せ植えの魅力を多くの人に知ってもらい、多肉植物のある暮らしを、より豊かに楽しむことを目的としています。

多肉スタイリストとは？

多肉スタイリストとは、多肉植物の知識と寄せ植えの豊富な経験、多肉植物を美しくスタイリングすることのできる高い技術をもつプロフェッショナルな資格です。多肉スタイリング協会では、多肉植物の寄せ植えのスペシャリストを育てる養成コースを開設しています。養成コースを修了し、実技試験を合格された方のみ、多肉スタイリストとして認定され活動できます。

1. 多肉スタイリング基礎コース
多肉植物の寄せ植えがはじめての方、苦手意識がある方、じょうずになりたい方など、すべての基礎となるレッスン。すでに寄せ植えの経験がある方も、まずはこちらからスタート。

2. 多肉スタイリング発展コース
多肉スタイリング基礎コースを修了した方のための、発展的な作品を作るコース。器の造形を生かした寄せ植えレッスンやディスプレイコーナーの基礎知識などを学びます。

3. 多肉スタイリングアトリエクラス
多肉スタイリングアトリエクラスは、多肉スタイリング発展コース受講修了した方のための、クリエイティブな要素が含まれるスタイリングのクラスです。月に一度、テーマに合わせて自らの技術を生かしたスタイリングを楽しむレッスン。

多肉スタイリング協会員になるとできること

基礎コース、発展コースに参加する資格を得るだけでなく、さまざまな寄せ植えを楽しむ機会や学ぶ場を提供しています。

・インスタグラムの会員専用アカウントで行われる
　無料の寄せ植えライブ配信
・会員限定のスタイリングレッスン
・会員限定で購入可能な寄せ植えキットの発売
・会員価格でのレッスンの受講
・多肉植物の寄せ植えの展示、イベントの開催…etc.

多肉スタイリング協会®
本部：神奈川県平塚市久領堤 3-13-6
https://www.succulentsstylingassociation.com/
Instagram　@succulentsstylingassociation

cottage garden

コテッジガーデン

多肉植物好きなら
一度は訪れたいショップ

神奈川県平塚市の住宅街にある隠れ家的ガーデンショップ。オーナーの松舘ゆかりさんが厳選した、多肉植物を中心としたこだわりの苗やブロカントな雑貨が販売されています。一から作り上げたショップの内装や飾られた草花や多肉植物の寄せ植え、おしゃれな雑貨のディスプレイなど、どこかノスタルジックな雰囲気で、何度も訪れたくなるショップです。苗の詳しい入荷状況は、インスタグラムにて随時更新中。オンラインショップも人気です。

多肉植物好きの間で評判の、趣味家の苗や韓国苗など、オーナーの目利きで選んだ状態のよい、美しい多肉植物がずらり。

ショップの軒下に飾られた多肉植物の寄せ植え。フィギュアでジブリの世界観を表現するなど遊びゴコロも取り入れて。

レジ上にセンスよく飾られたドライフラワーやボールリース。ディスプレイの仕方などをアドバイスしてくれることも。

cottage garden
神奈川県平塚市久領堤 3-13-6
☎ 080-5175-7670
https://r.goope.jp/cottage-garden/
Instagram　@cottagegarden8
営業／木・金・土　10:00 〜 16:00
不定休・営業日はホームページをご覧ください。

kurumi くるみ

多肉スタイリスト。多肉スタイリング協会主宰。
多肉植物の栽培・寄せ植え制作に携わった年月は15年に及ぶ。
月200人ほどにアレンジを教える講座は、すぐに満席になるほど大人気。
著書に『kurumiの多肉スタイリングの世界』(メディアパル)、
『多肉植物のみっちり寄せ植え』
『宝石みたいな多肉植物 セダム図鑑』(ともに日本文芸社)などがある。
〈Instagram〉@kurumilepetitjardin

STAFF
ブックデザイン：堀江京子
撮影：柴田和宣、松木 潤(主婦の友社)、kurumi

制作協力：
cottage garden 松舘ゆかり
Jewel Garden http://jewelgarden56963.com/
いとうぐりーん(伊藤大造)
Flower Beetle. 〈Instagram〉@flowerbeetle2018
ヒナタ多肉園 〈Instagram〉@medelu04
古都の葉 〈Instagram〉@succulenthouse_cotonoha
ヤギ小屋 〈Instagram〉@ritsu.y.co
中澤 玲
山根寛子
イラスト：kurumi
校正：大塚美紀(聚珍社)
編集協力：山田 桂
編集担当：柴﨑悠子(主婦の友社)

花のような多肉植物の寄せ植え

2024年5月20日 第1刷発行
2024年6月30日 第2刷発行

著者 kurumi
発行者 平野健一
発行所 株式会社 主婦の友社
〒141-0021
東京都品川区上大崎3-1-1 目黒セントラルスクエア
電話03-5280-7537(内容・不良品等のお問い合わせ)
049-259-1236(販売)
印刷所 大日本印刷株式会社

©kurumi 2024 Printed in Japan
ISBN978-4-07-459425-2